Jack Hayford

Esperando la visitación de la gracia de Dios
a través de nuestra adoración

UNA
PRESENCIA
Manifiesta

Vida®

UNA PRESENCIA MANIFIESTA
Edición en español publicada por Editorial Vida — 2007
© 2007 EDITORIAL VIDA
Miami, Florida

Publicado en inglés con el título:
Manifest Presence
por Chosen Books
© 2005 por Jack W. Hayford

Traducción: *Omar Díaz de Arce*
Edición: *Rojas & Rojas Editores, Inc.*
Diseño de cubierta: *Cathy Spee*
Diseño interior: *Rojas & Rojas Editores, Inc.*

ISBN-10: 0-8297-4877-6
ISBN-13: 978-0-8297-4877-2

Categoría: Vida cristiana / Crecimiento espiritual

Impreso en Estados Unidos de América
Printed in the United States of America

07 08 09 10 ❖ 10 9 8 7 6 5 4 3 2 1

A ti,
Señor Jesucristo,
Quien en su gracia y misericordia,
mediante el Espíritu Santo
y
a través de la Palabra eterna
le enseñó a mi alma a cantar,
mi corazón a obedecer
y mi alma a volar,
a medida que el canto, la fuerza y el poder,
se han encontrado
en adoración
delante de ti
a la diestra del
trono del Padre.

Ven a ser Rey

Ven a ser Rey, aun ahora ven,
Hoy que cantamos postrados aquí,
Ven a ser Rey, Cristo, Señor,
Ven, te rendimos loor.
    Vednos abrirte el corazón
    Manos alzadas te invitan.
Cristo, se Rey en este lugar
Ven con tu gracia a reinar

«Venga tu reino», es nuestra oración.
«Hágase tu voluntad» es nuestra canción.
Ven a ser Rey, derrota el pecar,
Ven, llena este lugar.
    Con fuego santo ven límpianos.
    Que lenguas de fuego estén sobre nos.
Cristo, se Rey en este lugar
Ven con tu gracia a reinar.

Gloria a Dios, Padre de amor,
Gloria al Hijo, Rey y Señor
Espíritu, gracias a ti
Al trino Dios, uno en sí.
    Omnipotente, Santo Señor,
    Quien cómo tú no hay otro dios
Cristo, se Rey en este lugar
Ven con tu gracia a reinar

Cuánto anhelamos tu regresar,
Cristo, regresa el hombre a salvar.
Aunque hoy nos gozamos en tu poder
Cuánto anhelamos verte volver.
    Al sonar la trompeta las nubes huirán
    Y todo ojo al fin te verá.
Hasta es día hemos de cantar
Cristo, ven a ser Rey.

J.W.H.

CONTENIDO

Reconocimientos

Cada autor publicado es un deudor, y no es del todo equitativo que una deuda tan grande se descargue en un ejercicio tan breve como el añadir una página de este tipo al trabajo. No obstante, aquellos que son tan pacientes como para hacer posible, acoger, editar, publicar y distribuir la obra de un escritor son generosos así como notablemente capaces. Con estos estoy en deuda, y con profunda gratitud a Dios por cada uno de ellos quiero decir:

...Debo una gratitud especial a Jane Campbell, directora de Libros Escogidos, por su comprensión y ayuda al dispensarme el tiempo y la latitud que creí necesarios para tratar esta obra con el total coeficiente de atención que me sentí obligado a darle. Jane, sé que ello les causó considerables inconvenientes a tu equipo y a ti. Tu generosidad no fue sólo un estímulo alentador para mí mientras navegaba por una agenda muy poco usual de exigencias inesperadas, pero tu diligencia —al redoblar los esfuerzos de último minuto para mantener las cosas dentro del programa— fue un tributo adicional de tu corazón servicial como líder de una casa de publicaciones cristianas.

...Se debe un tributo de honor a Tim Pettingale y Ann McMath Weinheimer. No hay forma en el mundo en que este proyecto pudiera haber arribado a su meta desde la distancia que surcó sin la dedicación de ustedes a una tarea sumamente exigente. Ustedes tomaron una serie de 24 cintas educativas, no coordinadas para convertirse en un solo tratado, y desarrollaron un manuscrito muy legible, logro que abrió el camino para que yo fuera capaz de avanzar convincentemente hacia un libro esperanzadoramente digno.

…Selimah Nemory, mi editor personal en tantos proyectos, y editor jefe de todas nuestras publicaciones en el Colegio y Seminario del Rey, viajó más que «la milla extra» para ayudarme a terminar esta obra. Al arribar a lo que considero es una de veras valiosa y oportuna adición a mis otros escritos sobre el tema de la adoración, la comprensión de Selimah de los principios espirituales que estaban implicados aseguró el éxito de mis más altas metas. Espero que los lectores encuentren el libro que intentamos escribir satisfactorio, i.e., algo más que solo un «mensaje». Nuestro objetivo era presentar lo que confiamos que el Espíritu Santo convierta en un volumen que *transforme las mentes, cambie las vidas, influya sobre los líderes, y expanda la vida de adoración* de cada lector.

Por último y como siempre,

…Tú, mi querida Anna, estás más en este libro que nadie más, porque has caminado y crecido conmigo durante medio siglo, no solo en nuestro matrimonio y ministerio, sino en nuestro aprendizaje y nuestro vivir una vida de adoración. Sin ti no puedo imaginarme la posibilidad de haber experimentado lo que hemos experimentado, una vida tan abundante, que se ha ampliado constantemente en gozo y productividad, mientras nuestro precioso Señor ha hecho fluir su vida hacia nosotros y a través de nosotros, mientras hemos seguido su llamado y nos hemos inclinado cada día ante su trono.

Jack W. Hayford

INTRODUCCIÓN

Un estremecimiento a la hora de la verdad

Me volví en mi asiento, mientras mi vuelo hacia el aeropuerto Heathrow de Londres se acercaba a las costas inglesas, y divisé frente a mí un destello de luz del alba que penetraba a través de la ventana del jet a lo largo del pasillo. Para mi sorpresa, en medio del resplandor anaranjado de la cabina observé a un hombre acuclillado sobre el suelo.

La mayoría de los otros pasajeros todavía dormían; habíamos volado toda la noche, y despegado desde Nueva York alrededor de la medianoche el día anterior. A pesar de todo estaba despierto, y al mirar alrededor, me impresionó ver ahora a dos hombres en la cabina del avión a la luz del amanecer, uno arrodillado sobre el suelo y otro parado a cierta distancia, como si fuera algo así como su contrapartida.

El hombre sobre el suelo tenía una clara apariencia de árabe y de musulmán practicante, algo que se hizo bastante evidente cuando se arrodilló sobre una alfombra de oración que extendió en un aparente esfuerzo por alinear su adoración, tanto como le permitía su sentido de dirección en medio del vuelo, lo más cerca posible hacia la Meca.

El hombre que estaba cerca tenía puesta una especie de sombrerillo, uno de esos pequeños casquetes que usan los judíos ortodoxos y conservadores, especialmente durante el culto. Sus largos rizos laterales indicaban su trasfondo jasídico. Mientras pronunciaba calladamente las palabras de su libro de oración abierto, su cabeza oscilaba hacia delante y hacia atrás rítmicamente y con un estereotipo que revelaba una pronunciada intensidad. Adorar tampoco era una mera opción para este hombre.

Ambos individuos estaban concentrados en lo absoluto en el ser que cada uno honraba como Dios.

Comienzo las páginas de este libro señalando este encuentro en vuelo por dos razones: (1) Lo oportuno que encuentro comunicarlo en este momento de la historia, y (2) la prueba que enfrenta la Iglesia —y todos los creyentes en Jesucristo, su Señor— en esta misma coyuntura. Nuestros tiempos son aquellos que «prueban las almas de los hombres»; y nuestra prueba como creyentes está en lo que determinará si nuestra adoración prevalece o no en este momento de la historia.

Estamos ante lo que sin duda es el más decisivo momento de la historia, al menos hasta la fecha. Es un tiempo cuando trepidan todas las cosas. Esa sacudida ocurre a través de toda la gama de la experiencia humana, desde los gobiernos del mundo a las economías del mundo así como el entorno del mundo. Acontecimientos de proporciones catastróficas no son la excepción hoy; son la norma. Y en esta era de conflictos gigantescos conflictos entre culturas, políticas, ejércitos, ideologías y dentro de la propia naturaleza, no es un trecho para creer que podemos estar viendo por lo menos el preludio de la última gran sacudida. Hay una de esas que se describe en la Palabra de Dios:

Tengan cuidado de no rechazar al que habla … su voz conmovió la tierra, pero ahora ha prometido: «Una vez más haré que se estremezca no sólo la tierra sino también el cielo».

Hebreos 12:25-26

Estas son palabras sobrias en cualesquiera circunstancias, y ya sea que nos acerquemos al clímax de la historia, o que solo experimentemos otro de sus radicales momentos de cambios catastróficos, los siguientes versículos nos dan un consejo:

Así que nosotros, que estamos recibiendo un reino inconmovible, seamos agradecidos. Inspirados por esta gratitud, adoremos *a Dios como a él le agrada, con temor reverente, porque nuestro «Dios es fuego consumidor»* .

Hebreos 12:28-29, énfasis añadido

En el texto de arriba, así como en las acciones de los dos hombres que vi sobre ese aeroplano, está siempre presente un hecho dominante: La adoración ocupa un lugar central. Y como dice el pasaje de Hebreos, es exactamente *eso* a lo que estamos llamados en un tiempo como ese —que «sirvamos a Dios»— esto es, *que lo adoremos.* Se nos llama a adorar con una reverencia y sensitividad de esas dimensiones hacia su gloriosa presencia y poder que una nueva dimensión de la sensibilidad nos transforma. *Esa transformación a través de la adoración es una necesidad absoluta para cada creyente y cada congregación que buscan servir al Hijo de Dios, Jesús, hoy en día*

La adoración está cambiando en la iglesia. Por lo menos en dos tercios de mis cincuenta años en el ministerio pastoral, he observado —y participado ampliamente— una conciencia de la adoración que evoluciona y se renueva. Esta ha penetrado las liturgias con una nueva vida y sacudido tradiciones con retos desconcertantes para las preconcepciones humanas. Ha traído vitalidad y frescura a muchas, mientras al mismo tiempo, en ocasiones, ha introducido un «espacio» para la distorsión, la confusión y las falsas distinciones de lo que la renovación de la adoración es en realidad. ¿Qué es hoy el despertar de la adoración? Bien…

No se trata de la música.
No se trata de «ponerse al día».
No se trata de una conciencia cultural.
No se trata de estar «en la honda», «al día» o «de moda».
No se trata de una precisión teológica *sobre* Dios. Pero…
Se trata de la transformación de corazones en la presencia de Dios.
Se trata de formar discípulos que conozcan a Dios a través de estar junto a él.
Se trata de la obra transformadora que logra el Espíritu Santo cuando tiene lugar la adoración pura.
Se trata de la preparación para la última batalla.

Esos dos hombres, desafortunadamente, representan algo de la drástica confrontación que toma forma hoy, una confrontación entre el secular conflicto entre las leyes de Dios y la anarquía humana. Ellos también nos demuestran de manera dramática que, en última instancia, la adoración cuenta en el resultado final del conflicto. Aun más, cada uno de ellos manifiesta convicciones sobre la adoración, una consistencia y un arrojo en ella que excede las del cristiano promedio. Aun para muchos de nosotros que sí adoramos, las convicciones, la consistencia y el arrojo forman una mezcla. Hay una realidad que asusta ante el hecho de que eso no augura algo bueno para la iglesia a menos que la reforma de la adoración avance a niveles más profundos en nuestros corazones, nuestros hogares y nuestras iglesias.

Un simple ejemplo de nuestra lentitud cristiana de consagrarnos a la adoración se observa en cómo los dos hombres sobre el avión se entregaban a la adoración sin vergüenza alguna. Esto no solo se hace notorio en su sentido ejercicio que «despierta el alba» con adoración, sino en cómo se fijaron sus convicciones: que la adoración de su Dios llama a algo más que pensamientos sobre la adoración o el abstenerse de expresarla hasta que se pueda llegar a una reunión formal con otros en una mezquita o sinagoga. Adoraron donde estaban al dedicar el día a su deidad, y adoraron con manifiesta pasión, inclinándose sin descanso o sacudiendo la cabeza, cada uno con un vigoroso despliegue de su (respectiva) alfombra o libro de oración.

Este no es el estilo cristiano promedio. Nos han adormecido con nociones de la «gracia» que rehúsan dejar que el Espíritu Santo nos enseñe los principios que dan vida, si prefiere, las *leyes* de la adoración. Y nos preguntamos hasta qué punto el grado de celo que cada uno de estos hombres manifiesta, multiplicado por los millones que creen como ellos creen, explica la dinámica espiritual que se manifiesta en cada una de sus tradiciones. De un lado, vea la alarmante expansión del Islam a través de la tierra, y del otro, el crudo poder de supervivencia que sostiene globalmente a la sitiada comunidad judía.

En medio de todo ello, nos movemos hacia un enfrentamiento. Esta realidad presente se resume en estos dos hombres, y nos confronta con preguntas que no podemos ni desechar teológicamente ni podemos pretender que se disiparán en medio de un amable amanecer. Necesitamos preguntarnos:

- ¿Avanzará el evangelio de Cristo, o será forzado a retirarse en este día, mientras el espíritu del anticristo que impulsa el Islam cobra fuerza?

- ¿Enfrentará la existencia de Israel y el judaísmo global otro holocausto en esta época cuando crece el antisemitismo en todo el mundo y se llama a los cristianos a tomar una posición a favor o en contra de Israel?

Si usted o yo quisiéramos aun formular estas preguntas, o aun si sus nociones de la historia excluyen la posibilidad de responderlas negativamente, las propongo por un motivo bien práctico relacionado con este libro: Yo creo que la adoración determina el resultado.

Estoy persuadido que estos aspectos del enfrentamiento son solo parte (pero una parte muy importante) de la razón por la que el Espíritu Santo busca propiciar un segundo sacudimiento. Junto al ramillete de temas nacionales e internacionales que sacuden nuestro mundo, él obra, buscando glorificar a Cristo en, entre, a través y más allá de la iglesia viviente. Él llama a aquellos que oirán «lo que el Espíritu dice a las iglesias» a dimensiones siempre crecientes de entendimiento y gracia; a captar un real entendimiento de la adoración, y a abrirse a la gracia que libera el poder de la adoración.

Contestar ese llamado es moverse hacia una búsqueda de Dios, de él, así como su poder; de su presencia manifiesta *ahora*, así como por su gloria de *siempre jamás, amén*. Esa búsqueda neutralizará nuestra capacidad de quedar hipnotizados por nuestras propias tradiciones, o satisfechos con nuestras presuposiciones presentes. Y ninguno de nosotros está inmune a la amenaza de imaginar que hemos resuelto adorar. Aun al ofrecer lo que sigue de ese libro, corro el riesgo de que se piense que supongo que estoy entre los pocos que «de veras saben adorar». Pero no supongo eso; solo sé que he sido toda la vida un aprendiz (que todavía está aprendiendo), y ofrezco dentro de estas páginas una pizca de lo que he alcanzado.

En cuanto a eso, déjeme concluir con una máxima que, cuando tenía dieciséis años, escuché decir a mi pastor y que anoté en el envés de mi Biblia, sabiendo que se me había llamado no solo a Cristo sino también a servir a su iglesia:

A Dios no le interesa tanto lo que somos,
como lo que estamos llegando a ser.

Así que, «para un tiempo como este» le ofrezco este recurso. Que mis palabras nos ayuden a ambos a «seguir conociendo al Señor»; conocerlo a él mucho más por medio de la adoración, y hacerlo resplandecer mucho más en un mundo que, más allá de sus conmociones, está buscando. El dinamismo de la iglesia al responder a la búsqueda de los corazones hambrientos de las multitudes siempre manará hacia nuestra adoración como pueblo —y en todo caso, en medio de nuestra adoración, los que buscan descubrirán la presencia manifiesta de Aquél que es el Verdadero Dios Viviente— el Padre de Nuestro Señor Jesucristo.

En su nombre, todavía «propiamente» un niño,
Jack Hayford

PRIMERA PARTE

EL LLAMADO A ADORAR

Adorad al Cristo Resucitado

Levántate, Iglesia, eleven sus voces,
    Cristo ha conquistado la muerte y el averno.
Canta mientras se regocija toda la tierra;
    Se alzan cánticos a la resurrección.
Ven y adora, ven y adora,
    Adora a Cristo, el Rey resucitado.

Mira el sepulcro donde lo han puesto,
    Ahora vacío, su boca declara:
"La muerte y yo no pudimos retenerlo,
    Porque él comparte el Trono de la Vida».
Ven y adora, ven y adora,
    Adora a Cristo, el Rey resucitado.

Oye el clamor de la tierra y tiembla,
    Mira la piedra removida con poder;
Todos los acólitos del infierno se pueden reunir
    Pero no soportar esta hora.
Él ha vencido, él ha vencido,
    Cristo el Señor, el Rey Resucitado.

Puede la duda levantar su cabeza y murmurar,
    Los burlones se mofan y los pecadores también;
Pero la verdad proclama un milagro
    Los corazones reflexivos le dan jubilosos la bienvenida.
Él ha resucitado, él ha resucitado,
    ¡Reciban ahora al Rey Resucitado!

Ensalzamos tu vida, Oh Jesús,
    Cantamos ahora tu victoria;
El pecado y el averno buscan apresarnos
    Pero tu conquista nos mantiene libres.
Levántense en triunfo, levántense en triunfo,
    ¡Adoren a Cristo, el Rey Resucitado!

                        J.W.H.

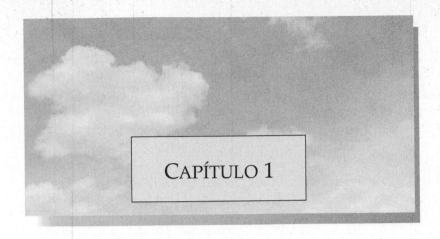

Capítulo 1

Presencia manifiesta

El Dios viviente «a la espera entre bambalinas»

Cuando subí a la plataforma alrededor de quinientos líderes
—la mayoría jóvenes cantantes, músicos y otros dedicados a
proveer liderazgo en la adoración de sus congregaciones—
me saludaron cálidamente. Su edad promedio estaba entre
los 25 y 30 años; sus rostros resplandecientes y expectantes
semblantes bastaban para satisfacer a cualquier orador. Esta
era más o menos la décima ocasión en que me había dirigido
a una audiencia como esa en los dos últimos años, y estaba
acostumbrado a ambas cosas, el anticipado entusiasmo del
grupo así como a su abarcadora aceptación. Disfrutaba el
privilegio de compartir con *Integrity Music's Seminars for
Worship*, y estaba a punto de comenzar otra sesión plenaria
de apertura.

Mientras usted y yo abrimos juntos estas páginas, siento
algo muy parecido. Compartimos una pesquisa conjunta,

una búsqueda para dar seguimiento al potencial que el avivamiento global del Espíritu Santo para adorar nos propor-
ciona mientras la Iglesia viviente avanza dentro del siglo 21.

- De él es el llamado a adorar: El Espíritu Santo quiere
  ayudarnos a glorificar a Cristo.
- De él es la directriz de acercarse al trono de Dios: Allí está
  la fuente del poder.
- Él es el Autor de nuestro manual para adorar: Dios espera que lo estudiemos.

Sí, el Espíritu Santo convoca a los creyentes *en todas partes*;
todo el *mundo* siente el toque del Espíritu que nos mueve a
inclinarnos, orar y elevar nuestras voces, a exaltar el nombre
de Jesús, a adorar el Dios Viviente. ¿Pero por qué? ¿Qué
quiere el Espíritu Santo? Digo esto porque *nunca* ha habido
un momento en que no haya sido apropiado, deseable e importante para que la humanidad adore a Dios. No hay *nunca*
un momento en que no valga la pena que los creyentes individuales hagan una pausa, caigan sobre sus rodillas, alcen
sus manos con humildad y adoren y den gracias a Dios por
sus mercedes cotidianas así como por su inapreciable regalo
de la gracia salvadora a través de Nuestro Señor Jesucristo,
su Hijo.

Así *¿por qué no ahora?*, por qué en esta época de la historia
de la iglesia la *adoración* se convierte en la palabra de orden
del momento? ¿Por qué miles de líderes jóvenes —muy a
menudo junto a sus pastores— sacrifican dos días comple-
tos de su programa normal para venir a los seminarios con
un propósito; profundizar su comprensión y concentrar sus
dones solo en la adoración del Altísimo Dios, Creador de todas las cosas y Dador de la Vida Eterna en Cristo?

Estoy convencido de que la respuesta es pura y simple: el
Dios todopoderoso impulsa los corazones a adorar porque

está a punto de hacer su entrada. Debido a que la adoración es clave para darle la bienvenida a los escenarios terrenales, su Espíritu mueve a su pueblo, como si dijera: «Extiendan la alfombra roja, el Rey viene a visitarlos».

Permítanme aclarar: No hago referencia a la entrada final del Rey, ni intento definir su «venida» como ese momento de gloria y poder consumados cuando el Hijo de Dios vendrá al sonido de la última trompeta, la Segunda Venida de Jesucristo. Pero hablo más inmediata y específicamente del deseo y la disposición de Dios de entrar a la arena de las circunstancias humanas, de manifestarse a sí mismo en gloria y poder espiritual, *hoy*.Como la principal Persona que hace realidad un escenario de redención donde usted y yo vivimos, Dios espera entre bambalinas, y adorar es la invitación a la que él responde.

Para ser más específico, déjeme asegurarle, esto ya ocurre. Estoy del todo consciente que hay ejércitos de creyentes que adoran que ya han establecido hábitos vitales de pasión y santas normas de adoración, adoración a la que Dios ya ha respondido. Sí, aun cuando recorramos estas páginas, la adoración prepara el camino para que olas de la gracia divina fluyan hacia miles de lugares y millones de corazones. De manera que mientras Dios *espera* para hacer su entrada donde otros millones están (de hecho ¡*miles de millones*! También *obra* haciendo *entradas* (plural). Él invade las circunstancias, se mueve con poder, demostrando su gracia, revelando su poder soberano, extendiendo las mercedes de su Reino y transformando gente, iglesias, comunidades y regiones completas de la tierra. Y el común denominador de estas visitaciones de la divinidad es que nubes de alabanzas a su nombre han precedido la lluvia de sus bendiciones, de su llegada en poder.

LA PRESENCIA MANIFIESTA

Hablar de la «entrada divina» puede crear preocupaciones entre algunas almas cautelosas. Mi selección de palabras, sin embargo, es bíblica así como intencional, y es importante desde el inicio de mi «conversación» aquí con usted, querido lector, que comprenda mi marco de referencia. En el párrafo anterior, utilicé una serie de frases para describir casos y lugares donde Dios obra de maneras que (a) están sin duda más allá de la capacidad humana de producir lo que tiene lugar, (b) son un paralelo secuencial o persiguen un cometido de que personas por lo demás comunes lo adoren en humildad y con pasión, y (c) traigan más que resultados momentáneos o trascendentes en las vidas individuales o las circunstancias humanas colectivas. En forma breve, hay algo *manifiesto,* la mano de Dios obra de maneras ineludiblemente evidentes.

He aprendido que hay sectores enteros entre el vasto liderazgo del cuerpo de la iglesia que están preocupados por la doble noción que (1) Dios espera una invitación humana para manifestarse, y (2) la adoración es el medio para invitarlo a hacer eso. Y yo entiendo sus dificultades, porque a su entender sugiero que Dios es débil o pasivo aparte de la adoración humana o de la instigación de sus acciones. Pero esa no es del todo la proposición como aparece en la Escritura, ni como debe entenderse por quienes adoran hoy en día.

Quizá haya escuchado a detractores del avivamiento de la adoración hoy desacreditar la idea de que «la adoración invita y prepara el camino para el Reino de Dios», que por lo general se burlan y arremeten contra esa proposición con acusaciones de que esa idea busca proponer que Dios se puede manipular. Por supuesto, la verdad es lo contrario. Dios es Dios. Esta es una realidad obvia, más aún, un hecho por siempre glorioso e invariable. Él es todopoderoso sobre todo, glorioso más allá de las palabras, sabio más allá de cualquier pensamiento, y amante más allá de toda medida. Pero con todo lo grandiosos y verdaderos que son estos hechos, él también es paciente más allá de toda comprensión, y sus tratos con la humanidad están condimentados con el empeño autoimpuesto de que él espera la bienvenida de los corazones humanos que conscientemente deciden que lo quieren en sus vidas.

La libre voluntad no contradice la voluntad soberana de Dios en la economía divina de las cosas. Lo último insiste en lo primero: la voluntad de Dios, en el ámbito de los asuntos terrenales y las circunstancias humanas, es que los humanos *respondan* a la realidad de su amor y poder extendiéndole una invitación. Sin eso, él limita la revelación más amplia de su gloria y poder hacia ellos. Es precisamente ese principio el que establece las verdades fundamentales que sostienen nuestras expectativas de que la oración tiene significado, que marcan una diferencia. Como se dice en la vieja placa que estaba sobre la pared de mi clase de escuela Dominical cuando era niño: La oración lo cambia todo.

Por medio de las propias instrucciones para la oración de Jesús, se nos enseña que la adoración es la piedra de toque para llegar a la presencia de Dios. Él nos dice: «Ustedes deben orar así» (vea Mateo 6:9-13):

1. Venga, sabiendo que tiene una relación con el Creador que lo hizo: «Padre nuestro que estás en el cielo...».
2. Adore, reconociendo la gloria que sobrexcede su santidad y portento: «Santificado sea tu nombre».
3. Invítelo a actuar en su mundo pidiéndole lo mejor del cielo para las necesidades de la tierra: «Venga tu reino. Hágase tu voluntad en la tierra como en el cielo».

Todo lo que procede a partir de ahí se basa en una adoración que invoca la voluntad y las obras de Dios. El principio de la adoración como algo decisivo se plantea, si no en ninguna otra parte.

Por supuesto, este no es el único lugar donde el papel de una humanidad débil y pecadora se coloca en una posición tan decisiva en relación con nuestro potencial de materializar las obras del supremo poder y la gracia del Dios eterno. La Biblia está atiborrada de ejemplos que revelan la profundidad de la divina paciencia de Dios, que él ha decidido hacer de cualquier forma a la humanidad su asociado. Y la Palabra también revela la disposición de Dios de obrar con poder cuando los corazones humanos se acercan a su trono y de ese modo invitan e invocan o dan la bienvenida a su presencia. Como, por ejemplo, Efesios 3:20-21 sopesa la cuestión:

Al que puede hacer muchísimo más que todo lo que podemos imaginarnos o pedir, por el poder que obra eficazmente en nosotros, ¡a él sea la gloria en la iglesia y en Cristo Jesús por todas las generaciones, por los siglos de los siglos! Amén.

Note por favor cuán a menudo en estas palabras citadas se reconoce la relación dinámica entre la adoración y las obras de Dios, aunque esta relación muy rara vez se comprende. Note:

1. Quien *puede hacer mucho más* se refiere a Dios, «a aquél que puede hacer mucho más». Él es como un poderoso río que busca un cauce por el cual fluir. Sin embargo:
2. La medida del poder que se dispensa está determinado por los humanos redimidos, «por el poder que obra eficazmente en nosotros». En conclusión, el poder pertenece a Dios, y el cauce de ese poder está a la espera de la sinceridad humana.

3. La adoración y la *gloria* pertenecen a Dios: «a él sea la gloria en la iglesia». No es una coincidencia que el principio no se plantee antes (vea el v. 20) que se recorra la senda (vea el v. 21). Los primeros creyentes comprendían la relación entre su adoración y la dispensación del poder de Dios en sus vidas, congregaciones y el mundo.

Hacer una observación como esa no busca dignificar al hombre más allá de las proporciones bíblicas ni destronar a Dios o reducirlo a una situación de dependencia no bíblica con respecto al hombre. Solo que la revelación de la Escritura sí tiene límites definidos sobre lo que Dios impondrá o permitirá sin consentimiento o decisión humanos. Y cuando sus redimidos, que se han decidido por su Hijo, el Salvador, deciden conocer sus caminos y andar por sendas de adoración, él parece bien dispuesto a responder con «más que todo lo que podemos imaginarnos».

La adoración propicia dimensiones cada vez más profundas y amplias del obrar de Dios en nuestro mundo. Adorar, en el verdadero sentido de la palabra, abre las puertas al poder de la presencia divina, confundiendo los poderes de las tinieblas y expulsando los destructivos manejos del pecado. En las palabras de Pablo sobre la explícita guerra espiritual, la adoración y la alabanza exaltan a Dios y expulsan aquellas realidades y fuerzas que buscan exaltarse a sí mismas por encima de él (vea 2 Corintios 10:3-5). En esencia, es la presencia de Dios —la cruda dinámica de su Ser y Persona que hace su entrada a un escenario— lo que da lugar a su poder transformador, redentor y liberador.

Sin embargo, he sabido que hay teólogos de cierto tipo que se han cuestionado esta proposición. «¿La adoración trae la presencia divina?», dicen con intención crítica. «Porqué», continúan: «¡Dios está presente, se lo pidamos o no usted o yo!». Y el signo de admiración se convierte en un incisivo ataque contra la noción de que la adoración marca alguna diferencia en que la presencia de Dios se revele en nuestro mundo o en esa dimensión. Para aclarar, o para deshacer la duda crispante que esa oposición a veces hace surgir en los corazones de los creyentes, déjeme definir lo que quiero decir al usar esa palabra: *presencia* .

TEMIBLE, PERMANENTE, ASOMBROSA

La Biblia revela por lo menos tres dimensiones diferentes a través de las cuales Dios da a conocer su presencia. De hecho, él está en todas partes. Pero las formas que escoge para manifestarse implican ciertas distinciones. Considere: la temible presencia de Dios, la permanente presencia de Dios y la asombrosa presencia de Dios.

La temible presencia de Dios

La palabra *temible* viene del verbo *temer,* y significa que inspira temor, no «algo horriblemente malo» como suele interpretarse hoy en día. Se utilizaba por lo común para referirse a nuestro final rendición de cuentas delante de Dios; a cuando tengamos que responder ante él en ese «espantoso y temible día del Señor»; a enfrentar «las aterradoras implicaciones de comparecer delante de la temible presencia del Dios eterno».

Este es un rasgo de la presencia de Dios que ha palidecido a raíz de la mudez teológica de la Iglesia en los años recientes, para no mencionar la erosión del temor de Dios en medio del presente lleno de vanidad en gran parte nuestra sociedad. El salmista clama: «¿Adónde podría huir de tu presencia?». Se da la respuesta: ¡A ningún lugar! ¡Tú estás en todas partes! (vea Salmo 139). Hebreos 4:13 dice de Dios: «Todo está al descubierto, expuesto a los ojos de aquel a quien hemos de rendir cuentas».

Esta característica constituye una realidad que humilla, las cual se resume en la Palabra de Dios para indicar:

1. Dios es omnipresente y todo lo ve.
2. Dios es justo y toma en cuenta todo lo que decimos y hacemos.
3. Cada uno de nosotros dará cuenta de esas palabras y hechos.

Juntos, estas realidades nos llaman a adorar a Dios con reverencia y a caminar con cuidado en su presencia, relacionándonos con los demás en amor, justicia y buenas obras.

La permanente presencia de Dios

Hay una segunda dimensión en las formas reveladas por Dios para relacionarse con nosotros; ella reside en la ternura, comprensión y calidez de una relación personal. Cuando el arrepentimiento del pecado y la fe nos hacen regresar al Padre, el Salvador describe una dimensión mucho más rica de la presencia de Dios: «¿Quién es el que me ama? El que hace suyos mis mandamientos y los obedece. Y al que me ama, mi Padre lo amará, y yo también lo amaré y me manifestaré a él» (Juan 14:21).

Este es un nivel distinto de relación con Dios, profundizada por promesas como: «Nunca te dejaré; jamás te abandonaré» (Hebreos 13:5), y «les aseguro que estaré con ustedes siempre» (Mateo 28:20). Se trata de una invitación de adorar a Dios de una manera que hace surgir una intimidad personal, una cercanía y una estimación como la que se expresa en el viejo himno: «El va conmigo y me habla, y me dice que le pertenezco».

El flujo de la verdad con respecto a la presencia de Dios avanza de la *realidad objetiva* de la temible *omnipresencia* de Dios, que se refiere a toda la humanidad, a la *relación subjetiva* de la permanente *presencia personal* de Dios, por medio de la cual él se relaciona con todos sus redimidos. A partir de esta, la verdad fluye hacia las posibilidades inherentes a esas expresiones del poderío de Dios, poderío que aguarda a aquellos que lo adoran y lo llaman a manifestar su presencia en medio de ellos o en ciertas situaciones.

La asombrosa presencia de Dios

Un llamado e invitación como las que incluyen estas posibilidades se evidencian en la Palabra de Dios. Los primeros creyentes invocaron la presencia manifiesta de Dios, diciendo:

> «Soberano Señor, creador del cielo y de la tierra, del mar y todo lo que hay en ellos … Ahora, Señor, toma en cuenta sus amenazas y concede a tus siervos el proclamar tu palabra sin temor alguno. Por eso, extiende tu mano para sanar y hacer señales y prodigios mediante el nombre de tu santo siervo Jesús».
>
> Hechos 4:24, 29-31

Isaías también clama por portentos de Dios:

> ¡Ojalá rasgaras los cielos, y descendieras! ¡Las montañas temblarían ante ti, como cuando el fuego enciende la leña y hace que hierva el agua! Así darías a conocer tu nombre entre tus enemigos, y ante ti temblarán las naciones».
>
> Isaías 64:1-2

Estos no son reclamos superficiales de un evento dramático que busquen los que aspiran a sensaciones fuertes. Estos son adoradores que declaran: «Señor, tu eres Dios, el Creador ... Señor, da a conocer tu nombre». Ellos han llegado ante el trono de Dios, no para entretenerse o por motivos de venganza humana. Y su culto, que emplea tan enérgicos llamados a la intervención del Dios todopoderoso, es instructivo para nosotros porque evidencia el hecho que la adoración puede proceder de lo *reverente* a lo *íntimo*, y entonces al sitio de *dar la bienvenida*, a *implorar* a Dios una manifestación dinámica de su presencia y poder.

SU «LLAMADO» INVITA EL NUESTRO

La temeridad de estos adoradores, con casos similares a lo largo de la Biblia, todavía encuentra titubeos entre algunos que ven la adoración solo como un ejercicio meditativo devocional —como destinada sólo a adorar u honrar al Señor— o aquellos que sólo disfrutan de un tranquilo compañerismo con él. La idea de adorar como un medio de compañerismo con Dios y de dar la bienvenida a su poder muy rara vez se comprende. De esa manera, por lo general la iglesia tiende a resistir el adorar a Dios con la expectativa de su poder de visitación. Pero el modelo que se observa en ese culto de la iglesia primitiva incorpora un llamado para nosotros:

- La adoración es más que un ejercicio objetivo, una valiosa exaltación de la gloria divina; y
- La adoración es más que un ejercicio devocional, que persigue de manera íntima su compañía; sino
- La adoración es también un medio bíblico de asumir una participación en la omnipotencia de Dios.

Es esa posibilidad la que impulsa una búsqueda de todas las dimensiones de la presencia manifiesta de Dios.

La adoración viva tocará los corazones con la presencia de Dios como el Omnipresente, y los arrastrará a responder a ese sentido interno de responsabilidad que siempre carcome a las almas sinceras. La adoración viva persigue también una relación con Dios; con el anhelo de conocer su persona, de andar íntimamente con él, de estar con él, de estar más interesados en la presencia personal de Dios aun que en la mayor demostración de su poder. Pero junto a estas grandiosas posibilidades dentro de la presencia manifiesta de Dios, el Espíritu Santo estimula hoy la adoración viva, despertando la iglesia viviente a *todas* las manifestaciones de innovación divina que la adoración puede descubrir.

En esta hora en la que el Espíritu Santo llama al pueblo de Dios a su presencia con un nuevo sentido de expectación, ¿qué preparativos del corazón, el alma y la mente puede cada uno de nosotros necesitar para responderle mejor? Al habernos extendido su invitación, él es el ser querido que espera tras las bambalinas de nuestra adoración, listo para saltar al escenario, no solo dentro de nuestro medio para manifestarse a sí mismo, sino también dentro de nuestro mundo para revelar la frescura de su poder y gloria a través de una iglesia inflamada con su amor.

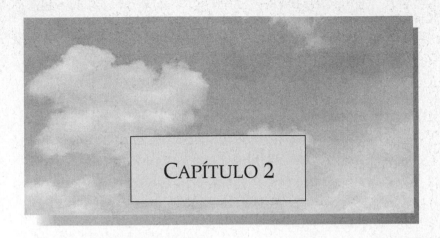

CAPÍTULO 2

El crescendo del Espíritu en la adoración

La invitación a adorar

> Después de esto miré, y allí en el cielo había una puerta abierta. Y la voz que me había hablado antes con sonido como de trompeta me dijo: «Sube acá: voy a mostrarte lo que tiene que suceder después de esto». Al instante vino sobre mí el Espíritu y vi un trono en el cielo, y alguien sentado en el trono.
>
> Apocalipsis 4:1-2

No hay duda de que entre las escenas bíblicas más impresionantes está la que se describe en Apocalipsis 4—5, ¡cuando se nos introduce al salón del trono del universo! Considere conmigo las palabras de Juan mientras intenta describir en los recursos mundanos del lenguaje humano el trascendente esplendor de las glorias celestiales, centrando su atención donde todos los seres sensibles lo harían, sobre el asiento real y la gloria personal del propio Creador.

La apariencia del Todopoderoso era muy brillante, como la de los diamantes y la cornalina rojo oscuro. Un arco iris que «se asemejaba a una esmeralda» rodea su trono, y en medio de la increíble gloria del Señor, seres celestiales adoran día y noche, dominados por el temor hasta el punto de inclinarse y levantarse para proclamar sin cesar: «¡Santo, santo, santo, es el Señor Dios Todopoderoso, el que era que es y que ha de venir!» (vea Apocalipsis 4:1-8).

Una mirada profunda al posible significado de las repetidas acciones de los querubines (aquí se habla de «seres vivientes») se me sugirió hace años. David Stern, que desde entonces ha realizado un trabajo erudito tan notable al producir un Nuevo Testamento para lectores judíos, estuvo adorando con nosotros antes de mudarse a Jerusalén. Un día, cuando distintos miembros de la congregación intercambiaban reflexiones sobre textos bíblicos que destacaban la adoración, David comentó sobre lo que en principio parecían las repetidas inclinaciones ante al trono de Dios, como si las requiriera Dios y se rindieran en obediencia sumisa y rutinaria.

Aunque no hay dudas de que Dios es digno de todo honor, reverencia y aun servil adoración que estas criaturas más próximas a su trono expresaban, David notó cómo se honra mucho más a Dios cuando cualquier criatura deseosa y voluntariamente ofrece su adoración con alabanzas verbales, y la presenta acompañada de expresiones físicas.

«Me parece», dijo, «que estas criaturas no están solo ejerciendo un hábito mientras no descansan de día ni de noche, diciendo: «¡Santo, santo, santo, es el Señor Dios Todopoderoso, el que era que es y que ha de venir!». Antes bien, cuando adoran, inclinándose cada vez para levantarse y ver de nuevo el rostro de Dios, su declaración estalla por haber visto ahora otra faceta de la gloria de la belleza y la Persona de Dios. De nuevo pasmados ante lo que han visto, caen delante de él otra vez, solo para levantarse y captar otra visión de la maravilla de quien es él».

Mi alma resuena con ese punto de vista, que, estoy persuadido, está en el corazón del constante ascenso de la alabanza que brota de estos seres y se difunde incesante alrededor del trono de Dios, y dondequiera que se acepte su restauración o avivamiento.

LA IMAGEN PROFÉTICA DE LA ADORACIÓN

La adoración es el valor medular del libro de Apocalipsis, como quiera que se interpreten sus imágenes proféticas. Ningún libro de la Biblia ha escrito más sobre ella que éste, pero demasiado pocas veces se ha observado la manera en que está hilvanado con escenas de adoración. Junto a ello y antes de situar con toda franqueza este libro como un manual sobre «las últimas cosas», Apocalipsis es un libro de gran valor práctico (no especulativo), y su origen primario es su singularidad como una fuente para comprender la adoración:

- Juan cae ante el Cristo glorificado en adoración (vea el capítulo 1).
- Se llama a la iglesia para que «oiga lo que el Espíritu dice», como una devota respuesta a la actual «palabra» de Cristo para su pueblo (vez capítulos 2—3).
- Se oye clamar al Altísimo desde el altar de adorar en el cielo a almas martirizadas que se han ido antes que nosotros a la gloria (vea capítulo 6).
- Se oye a la iglesia, liberada de la gran Tribulación, alabando a Dios y al Cordero ante el trono (vea capítulo 7).

- Se da testimonio de la dinámica del poder residual de la adoración acumulada (incienso) y de las oraciones (intercesión) ante el trono cuando brota como actos de juicio (vea capítulo 8).
- El contraste con la adoración que honra a Dios se ve en el texto que revela el destino de destrucción que viene sobre aquellos que adoran «a los demonios y a los ídolos» (vea capítulo 9).
- La adoración resuena desde el cielo cuando suena la última trompeta; la adoración parece desempeñar un papel de asociado en la economía de Dios, y al parecer enciende un disparador sobre la tierra de aquellas cosas ordenadas en el cielo (vea capítulos 10—11).

Esto cubre solo la primera mitad de este libro de «adoración» revelado, un texto que nos introduce a la asombrosamente inspiradora relación entre *nuestra adoración como sus criaturas redimidas* y la *respuesta de Dios de manifestar su voluntad sobre la tierra*. No obstante, esto se ilustra con acierto y sencillez en los capítulos 4 y 5.

Estos dos capítulos corresponden a un solo evento, y el texto fluye sin interrupción; una división artificial los separa en capítulos. Cuando los lectores se mueven a través de los capítulos 4 y 5 de Apocalipsis, primero se nos hace subir (4:1) y se nos permite presenciar el espectáculo que es el trono de la gloria de Dios. El «Santo, santo, santo» de los seres vivientes se convierte en los primeros tenores de lo que será un crescendo progresivo. Este comienza ahí y se mueve hacia el cántico de aquellos que presencian la llegada del Cordero. Entonces, justo cuando se alaba al Padre Creador al comienzo del texto, la exaltación del Hijo del Redentor comienza mientras aquellos que están alrededor del trono cantan: «Digno eres ... y con tu sangre compraste para Dios gente de toda raza, lengua, pueblo y nación» (5:9).

Pero esto es solo el principio. El crescendo del Espíritu de adoración se observa en círculos concéntricos que crecen cada vez más. Primero se inicia con un santo (Juan) «en el Espíritu» y en la presencia de Dios (4:2), y se mueve a una adoración que estalla entre los seres angélicos más cercanos al trono del Altísimo (4:8) y se extiende hacia fuera para que un grupo de ancianos que rodean el trono de Dios le hagan coro (vea 4:10-11). El tema que se ha inaugurado en el cielo se amplía ahora para incluir los anhelos de redención por la tierra, alcanzados ahora mediante la sangre del Cordero, a quien se alaba por su sacrificio y la magnificencia de su sabiduría, honor, fuerza, gloria y bendiciones (vea 5:1-12). Pero las dimensiones del crescendo todavía sólo comienzan.

Una incontable hueste de ángeles se une a esta adoración, que ahora se revela y se realiza por medio del sacrificio y la victoria del Cordero. A partir de aquí, el libro de Apocalipsis proclama una procesión de alabanzas a lo largo de la era que aún se desarrolla, describiendo los afanes de la historia por todo el camino hasta el eventual triunfo del Cordero como Rey de reyes y Señor de señores. Pero como una anticipación, los versículos 13-14 del capítulo 5 proyectan la escena aún más allá en el tiempo, y la adoración se vuelve profética. Parece moverse a través del tiempo y alrededor de la tierra, extendiéndose en círculos concéntricos, hasta que vemos un clímax del crescendo de la adoración por toda la humanidad, ¡los que están en la tierra, sobre la tierra, debajo de la tierra!

Este proceso es esencial para nuestra comprensión de lo que ocurre en realidad en los capítulos cuarto y quinto de Apocalipsis, cuando Juan penetra en espíritu en el ámbito eterno, ámbito que no se mide por el reloj. Es como si este atisbo profético supusiera más de lo que pensamos a primera vista. Juan contempla la adoración ante el trono del Hacedor de toda la creación, pero también es absolutamente posible:

- que Juan vea criaturas que adoran casi enseguida después de la creación de la tierra.
- que escuche la alabanza a Dios en los momentos que siguen a la majestad del Todopoderoso que adorna los cielos con las estrellas, y
- que aquello que describe de ese consumado crescendo de adoración aun por realizarse es una extensión de la adoración hacia la que nos movemos actualmente, como una adoración que invade y rechaza las tinieblas, abriendo el camino al avance del Reino de Dios hacia el eventual triunfo de sus propósitos redentores.

La razón por la que se examina este notable pasaje de adoración en crescendo es que este puede ayudarnos a comprender dos puntos importantes: No solo la adoración es una constante a través de las edades, sino también su ausencia crea una barricada de resistencia a la revelación de la voluntad y el propósito de Dios. Observar esto a comienzos de nuestro estudio nos ayudará a comprender:

- por qué se distorsiona, se confunde o trivializa la adoración con tanta frecuencia, y se convierte en un valor que se pierde en negligencia, pasividad, ignorancia o rituales formales que aletargan el alma.
- por qué la adoración se convierte a veces en un espectáculo, una actuación asumida por líderes una vez sinceros que, como Lucifer, se han cegado ante la absurda preocupación por sus propios logros al guiar la adoración;

- por qué se permite en tan contadas ocasiones que la adoración invada la vida de la iglesia y se envuelve en formas que garantizan el control humano, antes que en sentido compañerismo con el Espíritu Santo; y
- por qué la adoración, cuando se acepta bíblicamente como una encarnación de la verdad de la Palabra (esto es, no solo enseñar sobre la adoración, sino llenarse con el Espíritu de adoración), es la clave que posibilitará una vida y un servicio personal saludable a cualquiera, y disparará dinámicos avances del evangelismo y el crecimiento espiritual en cualquier congregación.

Observemos aun más el escenario que provee este pasaje de Apocalipsis: la abrumadoramente grandiosa y gloriosa adoración alrededor del trono de Dios que se revela a Juan. Y aunque sin intentar un estudio exhaustivo de la relación entre los textos proféticos y la adoración, pienso que varias otras Escrituras se pueden unir para ayudarnos a llegar a algunos puntos prácticos y en lo personal alentadores. Creo que esto le proveerá una más clara comprensión del vínculo esencial entre la adoración y el avance de la Iglesia de Cristo y su Reino. Esto también lo ayudará a ver lo vital que es en su vida la adoración si las promesas y propósitos de Dios se van a alcanzar en sus relaciones, búsquedas, deseos y desafíos.

La iglesia viviente es el medio de Dios para avanzar sus propósitos redentores. La adoración está en el centro de esa posibilidad.

LA VOLUNTAD DIOS PARAPETADA

Mirando al rollo, Juan llora porque reconoce que ha sido sellada la voluntad de Dios y no se puede revelar. Llora porque no hay quien lo abra.

También vi a un ángel poderoso que proclamaba a gran voz: «¿Quién es digno de romper los sellos y de abrir el libro?». Pero ni en el cielo ni en la tierra ni debajo de la tierra, hubo nadie capaz de abrirlo ni de examinar su contenido. Y lloraba yo mucho porque no se había encontrado a nadie que fuera digno de abrir el rollo ni de examinar su contenido.

Apocalipsis 5:2-4

Pero entonces habla un anciano: «¡Deja de llorar, que ya el León de la Tribu de Judá, la Raíz de David, ha vencido! Él sí puede abrir el rollo y sus siete sellos» (v. 5).

No es fortuito que se haga se mencione la tribu de Judá en esta escena: No solo los ejércitos de Judá condujeron las batallas de Israel, ¡pero el nombre de esa tribu significa también «alabanza»! Los poderes como de león del Cordero están también ligados a su condición de descendiente de David, que no solo fue el más exitoso guerrero de Israel sino también el más devoto y recordado cantor de alabanzas y la adoración a Dios de la historia.

Aunque el exaltado Mesías está presente como un guerrero poderoso, Juan lo describe como un Cordero del sacrificio cuya muerte ha cumplido todo lo que requería la adoración del Antiguo Pacto. Al arribar al cielo, llevando frescas las marcas del Cordero que «parecía ser sacrificado» (v. 6) —las heridas que le causaron la muerte— se nos presenta al único candidato que puede salvar la tierra y la humanidad de la ruina.

Como señalé antes, Juan está de hecho presenciando el espectro completo de toda la historia de la redención, que comienza con el regreso de Jesús al cielo en el momento de su ascensión, un evento que ocurrió unos cincuenta años antes de la visión de Juan. Pero al mismo tiempo, el Espíritu Santo lo usa para presentarnos un espectro completo de la adoración celestial, desde la creación de todas las cosas a la consumación de todas las cosas sobre este planeta.

Con la ayuda del Espíritu Santo, Juan describe presenciar, en la presencia de Padre, ese momento cuando el Hijo de Dios, el Cordero —habiendo resucitado de los muertos; habiendo pasado aquellos días con los discípulos, y habiéndoles dicho: «Vayan por todo el mundo y prediquen el Evangelio a toda criatura»; habiendo ascendido al cielo tras su mensaje de despedida sobre el Monte de los Olivos (vea Hechos 1:1-11)— arriba al cielo, para regresar a la gloria eterna, ¡misión cumplida!

- *Su presencia* aquí, descrita y exaltada como la del Cordero victorioso, nos muestra la adoración que se extiende desde ese momento hasta que suene la última trompeta y se alcance el triunfo final.
- *Su presencia* aquí declara que el precio de la salvación para la humanidad está completamente pagado, su provisión para su justificación y santificación está asegurado.
- *Su dominio* sobre todos los poderes del infierno y todas las fuerzas del mal que se muestra aquí hace posible que las vasijas humanas queden limpias de su inmundicia y pecado y se llenen con el Espíritu Santo, de manera que él pueda encomendar a un pueblo sus propósitos.

Jesús declara: «Edificaré mi iglesia, y las puertas del reino de la muerte no prevalecerán contra ella» (vea Mateo 16:18). Ya ha ascendido ante el Padre. Su misión de obtener la salvación de la humanidad está ahora cumplida. «¡Consumada es!». Sin embargo, su misión de extender su victoria a través de la tierra, por medio del Cuerpo de la Iglesia al cual él ha dado vida, ¡solo ha comenzado!

No hay misterio alguno en cuanto al motivo por el cual
Juan llora sobre la aparente ausencia de un representante
adecuado para tomar el rollo y romper sus sellos, ni de la razón por la que todo el cielo se regocijó —como ocurre con
Juan— cuando el Cordero aparece y lo toma de las manos del
Padre. Como se le describe, el rollo es exactamente el tipo de
documento que se preparaba en esa era de la historia romana
para servir como el legado de una persona. Este rollo, en manos de Dios, representa su legado para la tierra y la humanidad. Quedó sellado y oculto a través de la muerte de un
hombre que sucumbió al pecado, dejando en herencia una
maldición para la tierra en lugar de la bendición que deseaba
el Creador (vea Zacarías 5:1-4). Sin embargo, el Todopoderoso retuvo este rollo en sus manos hasta que un digno representante de la humanidad pudiera con legitimidad anunciar
un legado fresco y renovado para la tierra y la humanidad.
Por medio de ese anuncio, se pueden abatir los garabatos del
ladrón y del perjuro que embarran el rollo (vea el v. 3), consu-
midos por el poder de Aquél que lleva el nombre del Padre.

Este es el contexto de toda la adoración que sigue. Es el reconocimiento de esto lo que da lugar a esas alabanzas a Jesús. Ningún énfasis es suficiente en este punto: *El crescendo
de alabanzas del cielo se levanta en la atmósfera de (a) un Salvador
revelado y victorioso, y (b) un cierto vínculo de la continua lucha
entre la Verdad y la mentira, el Salvador y el ladrón, el Dios
viviente y el maligno*

Este es el curso del libro de Apocalipsis. Este libro, sometido
con tanta frecuencia a sinceras especulaciones sobre el momento de la venida de Cristo y de búsqueda de eventos actuales que coincidan con la Escritura, de hecho apunta a un tema
mucho más sublime y más cierto. Cualquiera que sea el valor
que exhiban otros estudios de esta obra (y no me propongo
menospreciar ninguno), nuestro llamado —como creyentes

individuales y como pueblo de Dios hoy— es escuchar el reclamo del Espíritu Santo.

Es un llamado a adorar en la plenitud del Espíritu.

Es un llamado a la guerra espiritual.

Es un llamado a un compromiso firme *más allá* de la parafernalia y la emoción de una renovación de la adoración, un llamado al propósito, los principios y el poder con los cuales el mismo Dios ha investido el tema de la adoración. Como a menudo decimos: «¡Solo se trata de él!». Y eso es verdad.

Pero con él hay una verdad maravillosa que le hace compañía: La adoración es también un legado de Dios para usted. A todas luces, no es que *Dios* adore al *hombre*, sino que Dios diseña la adoración como un medio para que sus amadas criaturas lo conozcan, para que entren a la abundancia de sus fructíferos y satisfactorios propósitos para nosotros, y para que encuentren el elevado placer de su legado, que se realiza para nosotros, en nosotros y a través de nosotros.

Continúe conmigo… al lado de Juan… y veamos su encuentro con la benevolencia práctica de Dios, quien nos encuentra en nuestras circunstancias—quien no solo se deleita en nuestra adoración, sino también se deleita en demostrar su disposición para derramar bendiciones sobre nosotros mientras derramamos nuestros corazones en adoración ante su trono.

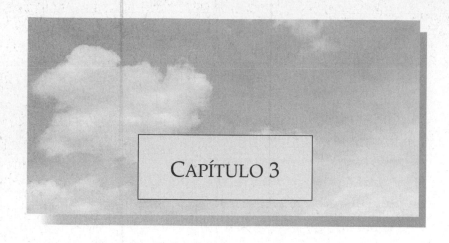

CAPÍTULO 3

El gozo de adorar a un Dios personal

La recompensa de la adoración

Y la voz . . . me dijo: «Sube acá: voy a mostrarte lo que tiene que suceder después de esto.»

Apocalipsis 4:1

Una de las cosas más difíciles en el mundo es encontrar equilibrio, sobre todo cuando uno enfrenta el reto de poner grandes verdades en una perspectiva correcta. Es asombroso cómo los hábitos de gente sincera hacen con frecuencia que nos atrincheremos y apasionemos tanto en algo *bueno* que nos volvemos particularmente capaces de convertirlo en algo *malo*.Cuando eso sucede, incluso es más difícil explicar cómo puede ser posible que cualquier verdad que se relaciona con el propio Dios adquiera una tonalidad negativa.

A lo largo de cinco décadas de liderazgo pastoral he tenido ocasión de tratar a menudo con personas queridas que se apasionaban con algo sobre la verdad de Dios y procuraban su aplicación con ánimo casi vengativo. Se centraban en su fe de manera violenta, en busca de un valor revelado por la Biblia, pero el fuego de su propia energía humana (interpretado a veces como el fuego del Espíritu de Dios) se volvía auto devorador y, a veces, destructor de sus relaciones o ministerios personales.

Con frecuencia la adoración se distorsiona de esta manera.

Por ejemplo, más adelante en este libro discutiremos algunos de los retos de liberar a la adoración de formalismos, sin que degenere en algo desprovisto de forma. Pero por el momento quiero continuar nuestro examen del encuentro que registra Juan en el libro de Apocalipsis, de haber sido «arrebatado» ante la presencia de Dios. El asunto del desequilibrio en el que quisiera nos fijáramos se puede plantear con las palabras de esta pregunta: ¿«Arrebataron» a Juan con el propósito de ver a Dios a fin de adorarlo? O, trajo Dios a Juan a su presencia a fin de ayudarlo a comprender lo mucho que Dios se preocupaba por él?

Al buscar equilibrar la pregunta: «¿De quién se ocupa la adoración?», comprenda por favor que de ninguna forma quiero desviar la atención de nadir de la verdad de la grandeza, la omnipotencia, la valía y el poder soberano de Dios. Primero y antes que todo, sobre todo y más allá de todo, *él es.*¡Punto! Por eso él se reveló a Moisés como «YO SOY».

Esta «presencia eterna» de Dios revela más que el hecho de su naturaleza eterna y su Ser omnipresente. Ella resume la absoluta plenitud, suficiencia, perfección y belleza que caracteriza su persona. De manera que cuando quiera que discutamos el tema de la adoración, es algo incuestionable que la primera Persona en que se piensa es la Máxima Persona. La adoración, como hemos dicho, «se ocupa por entero de él».

Hay otra faceta de Dios, sin embargo, que también se ocupa por entero de él». Se trata de esta: «Él no solo *es* —para siempre jamás— sino que en su propia Palabra, la Biblia, él resume todo lo que es en una palabra. En efecto, él dice de manera concluyente: «Más que cualquier otra cosa, esto es lo que soy: "Yo soy Amor"».

Con esta declaración —«Dios es Amor»— la Palabra de Dios de pronto ha volteado posiciones con nosotros. Es como si él estuviera equilibrando algo para nosotros, como si dijera: «Puede que vengas a adorarme. Doy la bienvenida a que me traigas gloria porque está bien. Pero también es bueno para tu propio bien que me adores, no porque necesite tu adoración, sino porque por medio de ella, serás de manera progresiva liberado de ti mismo (que es la peor servidumbre en la vida). Al adorarme a mí, también te traen a un lugar de íntima relación conmigo, de conocerme, comprenderme y andar a mi lado.

»Así también», podría continuar él: «Quiero que sepas a qué presto atención: Mi voluntad, mi interés, mi poder, mis propósitos, mis mandamientos, planes y objetivos nunca se refieren a mí. Se refieren a *ti*. Todos apuntan a *tus* bendiciones, *tus* logros, *tu* capacidad de producir frutos y tu realización de mis propósitos al crearte. Y la razón por la que te he dado mis formas de adorar es esta: De manera que por esos medios puedas «Subir acá» desde donde estás, y acceder a todo lo que tengo para ti».

UNA IMAGEN DE LA VERDAD DE DOS FILOS

El deseo de Dios de recibir nuestra adoración no está envuelto en el misterio. Desde la Creación, la adoración —honrar a Dios y sus caminos— era esencial para que se materializaran la vida, la fecundidad y un continuo progreso lleno de gozo.

La adoración nunca ha perdido ese objetivo final. Tan pronto entró el pecado en la escena humana, su intromisión por la vía de la quiebra de nuestra confianza en Dios introdujo la necesidad de un prerrequisito. Para la adoración, tenía que restablecerse la relación y el compañerismo con Dios —esto es, para que cualquiera de nosotros regresara al lugar donde Dios pudiera realizar su plan original para nuestras vidas— la adoración tendría que orientarse a la *redención*. En lugar que la adoración hiciera avanzar el propósito creador de Dios para nuestras vidas, ahora requería sacrificio a fin de neutralizar el poder divisivo del pecado y el fracaso humano.

Y el sacrificio requiere reglas. El entendimiento humano caído requirió mandamientos para renovar las mentes humanas en aquellos principios que impedirían que la vida se autodestruyera. Pero mientras hacia avanzar su respuesta redentora para la necesidad humana, Dios no había olvidado su intención original. La meta de hacer pasar a cada uno de nosotros por la puerta de la adoración redentora haciéndonos regresar a sí mismo a través de su Hijo, Jesús, siempre fue, y todavía es, una cosa: traer a nuestras vidas toda la benevolencia y las bendiciones que nuestro amante Padre quería que cada uno de nosotros recibiera en primer lugar. Así a través de Cristo, cuya vida sin pecado y sacrificio perfecto respondió por nuestra relación pecaminosa y apartada de Dios, pasaron dos cosas. No solo tenemos ahora la oportunidad de que nos perdonen y renacer a la vida eterna, sino que también se nos ha invitado a caminar y mantener una relación con el todopoderoso Dios que descubre progresivamente:

- cómo ver el desarrollo de su propósito para nosotros;
- cómo crecer hacia la madurez como hijos renacidos suyos;
- cómo caminar por fe cuando estamos cegados por la vida en un mundo quebrantado;

- cómo vencer al adversario de nuestras almas; y
- cómo ascender por encima de la atracción ejercida por la «gravedad» de nuestra aún mancillada humanidad.

Habiendo contemplado juntos el «crescendo de la adoración» que Apocalipsis 4—5 inicia, déjeme invitarle a regresar a ese escenario, para mirar el mismo pasaje a través de otro par de lentes. Habiendo visto lo que necesitamos ver de Dios, examine conmigo cosas en este texto que indican cómo él nos mira a nosotros, nos *protege* y nos *conduce*. Dedique algún tiempo a meditar sobre lo mucho que Dios desea nuestra adoración, no por lo que obtiene de ella, sino por lo que recibimos de ella, lo que podemos experimentar que trazuma a nuestro alrededor de sus abundantes beneficios y el propósito restaurado para nuestras vidas.

No tenga temor de prodigar este tipo de mirada a su Libro. De hecho, él desea que usted vea el cuadro de su amor por usted; que vea lo presente y poderoso que quiere mantenerse a favor suyo. Querido, el cuadro está aquí.

EL CUADRO DE LOS CAMINOS AMOROSOS DE DIOS

El libro de Apocalipsis nos ayudará a comprender mucho más si nos atenemos a su notable naturaleza profética, en lugar de tratar de estructurar los eventos dentro de una clara secuencia sobre un mapa de acontecimientos proféticos. Dicho eso, no dudo que haya elementos en todo mapa profético que usted haya visto alguna vez que son veraces y tienen valor. Sin embargo, la dificultad es que las personas se atan tanto a un sistema que pasan por alto la simplicidad y la belleza de lo que se dice.

Nuestro interés aquí es ver un cuadro de los aminos amorosos de Dios en el contexto del escenario de alabanza y adoración al cual se invita a Juan. Aquí es que Dios nos invita a usted y a mí a ascender («Sube acá») a su presencia, para movernos «en el Espíritu» más allá de nuestras circunstancias, para presenciar y adorar ante su trono donde nos espera un arco iris de promesa y la certidumbre de su poder.

Las circunstancias de Juan: Un llamado de trompeta para trascender

En Apocalipsis 4, dice Juan que escuchó una voz «con sonido como de trompeta» (v. 1). Hace referencia a la voz que había escuchado antes, la voz del Salvador (vea Apocalipsis 1). Juan escucha a Jesús invitándolo a la presencia del Padre, a la presencia del cielo. Este ascenso a la esfera eterna constituye un momento trascendente: «"Sube acá: voy a mostrarte lo que tiene que suceder después de esto". Al instante vino sobre mí el Espíritu» (Apocalipsis 4:1-2).

No era trascendente en el sentido de ser un escape de la realidad: se invita a Juan *más allá de los límites de donde él está.* Que nosotros vengamos en el espíritu de adoración y busquemos el rostro del Señor constituye una respuesta a la misma invitación. ¿Pero por qué esta se emite por una voz como de trompeta? ¿Por qué Jesús llama a Juan con un grito sonoro y no en voz calmada y baja? Considere la situación de Juan; quizá usted esté en el mismo lugar.

Hay dos cosas ciertas de Juan exactamente allí: Primero, está en una situación de confinamiento personal con motivo de su prisión en Patmos. Perseguido por los romanos, a Juan no se le permite hacer lo que quiera hacer. Y segundo, acaba de recibir una palabra del propio Jesús de que cinco de las siete iglesias que supervisa están en una situación muy lamentable. Jesús alabó cada una de las iglesias, pero tuvo bastantes cosas malas que decir, en lo esencial: «Sin embargo, tengo en tu contra…» Vamos a arreglarlas (vea Apocalipsis 2—3).

Roma había clausurado la oportunidad de que Juan interviniera de cualquier forma en la Iglesia. Tiene quizá ochenta años en este momento y podría muy bien estar pensando: *«Nunca saldré de aquí».*

Aquí hay un cuadro de cada uno de nosotros en algún que otro momento de desesperación, preguntándonos si iríamos o no alguna vez más allá de lo que nos limita, sintiendo que Dios quizá no podría estar complacido de nosotros, sus siervos. Es una mezcla de preocupaciones sobre lo que nos ha atrapado así como de preocupaciones sobre nuestra capacidad de servir a otros de una manera en verdad cristiana. Para Juan, los límites eran las fronteras de una isla. Para nosotros, puede que sea una isla de circunstancias, o quizá el distanciamiento y la soledad en un matrimonio.

De pronto, el llamado de la voz a Juan: «Sube acá…». Ella lo invita más allá de esas circunstancias limitantes —que hasta lo encarcelan— a través de una puerta abierta hacia la habitación del trono de Dios donde Juan está a punto de ver a Jesús de una manera que nunca antes lo había visto. Está a punto de tener una revelación del triunfo final de Jesús más allá de todo lo demás.

Inmediatamente, dice el texto, se mueve «en el Espíritu» hacia un momento eterno que es tanto trascendente como educativo. Es la escena de adoración donde capta el sentido de la promesa de Dios (el arco iris) y su poder (su trono), del León triunfante y el Cordero Redentor.

A través de la puerta abierta: Una visión de victoria

Tres cosas ocurren mientras Juan atraviesa la puerta abierta. Primero, dice él: «Vi un trono». Habla del Dios Altísimo. Está diciendo que se le ha llevado a recordar que todo lo que enfrenta, por problemático que pueda ser, es trivial en comparación con la grandeza y la gloria de ese trono. Eso no significa que Dios considera mi circunstancia como trivial en su corazón. Él sabe que soy polvo; sabe que esas cosas son importantes para mí, pero él es mayor. Él es grandioso. Él está por encima de eso. *Vi un trono* .

Segundo, Juan ve a los que adoran alrededor del trono. Y adoran a Aquél que es el Creador. Este no es solo aquél que gobierna sobre todo, es Aquél capaz de tomar de la nada y originar cualquier cosa que se necesite. En otras palabras, usted nunca necesita creer que ha llegado al final de la desesperanza. La peor situación en que podemos hallarnos es allí donde declaramos que no se puede hacer nada más. Si usted se encuentra ahí, recuerde que Dios es su Padre y lo llama a volver a casa. Aún mejor, venga a casa. Atraviese la puerta abierta. Es aquí, adorando ante el trono de Dios, donde él puede llenarnos con su Espíritu, renovarnos con su esperanza, reafirmarnos con su amor y revivir los sueños y deseos que él nos ha dado desde la desilusión y la desesperanza.

Tercero, hay un motivo para que ese arco iris rodee el trono. El arco iris no solo es bello; es el recordatorio de una promesa que se extiende más allá de todo lo que parece arruinado y que no se restauraría nunca. Por la señal del arco iris, Dios habló a Noé sobre el diluvio catastrófico que sobrevino en la tierra, diciéndole: «Eso no ocurrirá nunca más». De manera que muchas personas viven con el terror de que cosas malas que han sucedido en el pasado van a ocurrir de nuevo. Hay algunos que las circunstancias los han maltratado y llenado de cicatrices, y el Señor dice: «Entra, mira hacia el trono, ve al Creador que todo lo puede, y al arco iris de la promesa para ti».

Es aquí donde Juan recibe la bendición restauradora del recordatorio de que el Padre Dios tiene todo el poder creador y

que es capaz originar cualquier cosa. En esta escena magnífi-
ca de esplendor, majestad y adoración que rodea el trono de
Dios, se le reafirma a Juan que pese a las circunstancias de de-
portación y prisión que sufre sobre la tierra, nunca hay una
situación sin esperanza con Dios. Este es un cuadro de la política de puertas abiertas de Dios, de los caminos amorosos del
Todopoderoso hacia usted y hacia mí.

Jesús llama a su pueblo a un momento trascendente, en el
cual se halla en nuestra adoración del Dios viviente. El mensaje que se repite una y otra vez en el libro de Apocalipsis es
que si bien el mundo buscará siempre limitarlo y oponérse-
le, y si bien Satanás siempre lo enfrentará con la ferocidad
que solo puede reseñar, más allá de todo, Jesús es el Señor y
él mora en usted. En él tenemos la victoria final y esa victoria
se puede poner en práctica aquí y ahora por medio de
nuestra adoración.

El punto de partida es reconocer que él nos ve donde estamos y nos invita más allá de eso: «¡Sube acá!». Se nos invita a
atravesar la puerta abierta y acercarnos al Padre Dios de manera que algo pueda transpirar de nosotros—a venir y encontrarnos con él de manera que cree el obrar más profundo
de su Espíritu en nuestras vidas y nos prepare para el siguiente etapa de lo que él quiere hacer a través de nosotros.
No solo se nos llama a ser un pueblo que conozca cómo reno-
varse por medio de la adoración, sino también que el desbor-
damiento de nuestra adoración pueda atraer a otros al río.

No es solo la experiencia de Juan; creo que esta se relaciona
de forma única y directa con muchos de nosotros. Fue importante para «las iglesias», y no solo para aquellas que supervi-
saba Juan. Mientras las cartas fueron a las siete iglesias, el
todo del mensaje es «para las iglesias». Eso significa que es
para usted y para mí, aquí, ahora. Se relaciona con la vida de
la iglesia en cada era, pero creo que de forma única con la

vida de la Iglesia en la era final. ¿Cuándo será eso? No tengo idea, ninguno de nosotros la tiene. Desde el tiempo cuando era niño, creí que Jesús vendría muy pronto. Y todavía lo creo. Eso no se genera en mí por algún tipo de exageración. Creo que la iglesia revitalizada siempre ha creído que Jesús vendría en la actual generación. Alguien me preguntó una vez: «¿Piensa usted que esta es la última generación?». Y yo le respondí: «No sé, pero de seguro es la nuestra».

Vivir en esta «última generación» comporta una responsabilidad en cualquier caso, como David sirvió a Dios en su generación. La nuestra es la última para nosotros. ¿Por qué piensa la iglesia que ella es la final? Creo que es porque cuando estamos en el espíritu de adoración, renovación a avivamiento no apresuramos a la proximidad de su presencia. Jesús se mueve con poder en medio nuestro ahora, de manera que sentimos que él debe estar listo para atravesar la puerta. Por eso la Iglesia reavivada siempre cree que Jesús viene en nuestra generación.

La vida de la Iglesia de Jesucristo va a tener un impacto sobre nuestro mundo multiplicado muchas veces por encima de lo que sucede en la actualidad, y no solo cuando se le despierta a los gozos, las bendiciones y las vibraciones de la adoración viviente. Esta es una realidad que ha comenzado a expandirse en la Iglesia durante las dos últimas décadas, y a una, creo, en que el Espíritu Santo busca avanzar.

Nuestra revisión de la invitación del Salvador en este pasaje de la Escritura refuerza nuestras expectativas de la dinámica que nos espera en lo personal. La adoración no solo es el más valioso ejercicio para que la humanidad alcance su potencial, también es el más fructífero y el más práctico. La respuesta de Juan a ese llamado inaugura una nueva conciencia del poder, la presencia y la capacidad de Dios para transformar su situación de una de necesidad a una de suficiencia. De manera que a esa luz, es su llamado, su invitación a responder a su llamado.

La Palabra de Dios revela lo rápido que él desatará lo que se ha sellado en contra de su voluntad en su vida, su familia, su comunidad o cualquier otro sitio de su mundo privado. Eso es lo que ocurre cuando la adoración dice: «Vénganos tu Reino y que se haga tu voluntad… en mi mundo, como en el tuyo, Padre Dios».

Así que déjeme invitarlo. Solo diga: «Jesús, vengo con gratitud. Gracias por la esperanza de tu ayuda cuando atravieso la puerta que se abre ante mí, mi entrada hacia la presencia del Padre. Gracias por la confianza en que su poder creador y tú capacidad redentora son capaces de manejar cualquiera de los obstáculos que a los que me enfrento en este momento».

Entonces, comience a participar en el crescendo de adoración. Y siga alabando.

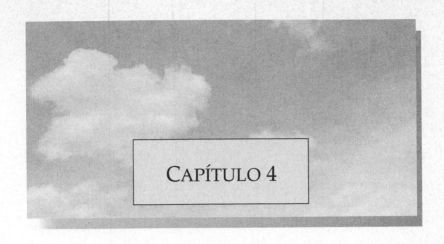

CAPÍTULO 4

El valor se pesa en gloria

La sustancia de la adoración

¡Levántate y resplandece, que tu luz ha llegado!
¡La gloria del Señor brilla sobre ti!

Isaías 60:1

La palabra *gloria* tiene una belleza peculiar. Por su mismo uso ella comunica un arco iris de aplicaciones espléndidas, desde el brillo de una novia que desciende por el pasillo de una iglesia el día de su boda, al triunfo de un atleta olímpico al cual coronan con una guirnalda de laurel y lo condecoran con una medalla de oro mientras el himno de esa nación resuena alrededor del mundo. Asociamos la palabra con el logro o la excelencia, y eso es comprensible. Pero la idea inherente a la gloria tiene que ver con algo más—ese «algo» con lo que una persona, cosa o práctica está investida que marca su superioridad o excelencia sobre otras personas, cosas o prácticas.

El Antiguo Testamento incluye una conmovedora historia del nacimiento de un niño y la muerte de su madre, los que ocurrieron simultáneamente con la derrota y ofuscación de su nación. Es un relato impresionante tejido que se anida en el corazón de la historia temprana de Israel como pueblo en el tiempo en que luchaban para encontrar su identidad como nación. Fue durante esta cruzada por asegurar su lugar en la tierra prometida que aprendemos una lección del énfasis que pone la Biblia sobre la relación entre la adoración a Dios y la victoria o derrota de una persona o pueblo en la batalla.

Como con todos los incidentes históricos en las Escrituras, el propósito de la Palabra de Dios no es solo registrar el pasado. Es revelar los principios eternos que muestran cómo debe vivirse la vida abundantemente, o cómo puede que se la viva de manera necia y resulte en fracaso. En la historia —una lección indeleblemente fijada ante nosotros como un mensaje del cielo— se ve el nexo inextricable entre adoración y la perdurable presencia de la gloria. Ella enseña: «Usted no puede juguetear con el Padre Dios, por lo menos si quiere tener éxito en la vida».

Es porque la cruzada histórica de Israel tiene un paralelismo con toda empresa humana —nuestra búsqueda de realización, propósito y significado durante toda la vida— que este nexo entre «gloria» (experimentar la excelencia en la vida) y «adoración» (relacionarnos con Aquél que es el dador de la vida) es tan esencial para nuestro entendimiento. Este mana de la manera más simple de una sucesión de declaraciones que se ilustran en la historia de Icabod: La adoración en la vida de una persona o grupo determina el valor, el valor determina el peso, el peso determina el valor y el valor asegura la gloria.

El relato tiene cuatro segmentos.

1. Era una época de confusión, cuando la impureza había contaminado las prácticas del culto entre el liderazgo espiritual del pueblo de Dios. Elí, el sumo sacerdote, es negligente. Se preocupa de sus propios intereses, demostrada en una glotona indulgencia sobre los sacrificios traídos por los adoradores de Israel y se manifiesta en una obesidad auto inflingida. Elí es un caso del culto que se centra en sí mismo.

2. Al mismo tiempo, los hijos de Elí, supuestamente los herederos de su liderazgo espiritual en el país, sostenían un estilo de vida a todas luces inmoral. Honrar a Dios no podía haber estado más lejos de sus mentes. Sus acciones corruptas se constituyen en un antiguo caso de estudio de esa misma conducta corrosiva que a veces se excusa hoy en día entre los líderes espirituales. Los hijos de Elí son el caso de un culto que se ha vuelto mundano, la amenaza perenne para la salud de la iglesia hoy, dondequiera que se excusa a los líderes por inmoralidad u otros comportamientos indignos en tanto «mantengan andando el show».

3. En este sórdido momento tuvieron lugar una serie de ataques contra los judíos, lanzados por los filisteos que, como los actuales abogados de la Jihad, fueron incansables en su resistencia ante Israel. La respuesta de los militares israelíes no estaban basados en precedentes históricos, sino en una bella realidad que se había convertido solo en una tradición vacía. Le preguntaron a Elí si podían llevar el arca del pacto al combate, creyendo que —como en los días de Moisés y Josué— la *presencia de Dios* los ayudaría en su búsqueda de la victoria y posibilitaría su triunfo. El arca no era solo un símbolo de la presencia de Dios sino también una incitación a la adoración obediente. Pero para ellos, el arca era solo un fetiche para la buena suerte, un tipo de rabito de conejo que se llevaba con la esperanza de recibir el poder y la bendición de Dios. La ado-

ración estaba ausente, se desconocía la relación con Dios y las formas religiosas habían suplantado el entendimiento espiritual. ¿El resultado? Perdieron la batalla, por supuesto un mensaje que llega a nuestros días: La adoración sin sustancia espiritual no es otra cosa que superstición. De acuerdo con esto, esta no obtendrá ninguna bendición de Dios y terminará en una confusión completa.

4. Por último, fue cuando el informe de su derrota en la batalla se abrió paso que golpeó una serie de tragedias ulteriores. No solo habían muerto treinta mil israelitas (incluyendo los hijos de Elí), sino también los filisteos habían capturado el arca del pacto. Elí, impresionado por el informe, se cayó hacia atrás, se rompió el cuello y murió. Su nuera, al enterarse de la muerte de su esposo en la batalla, entró prematuramente en labores de parto y murió al nacer su hijo. Sus palabras finales reflejaron ese momento de la historia de Israel —la derrota del día, la pérdida de miembros de la familia y la captura del arca— mientras le daba el nombre de Icabod al niño, que significa «la gloria ha partido». La historia culmina con una descripción del impacto sobre el pueblo y las naciones cuando la adoración se convierte en algo vacío de espíritu y privado de verdad, y el peso de la gloria se reduce a un vapor de incienso tóxico que destila de un culto vacío de significado.

EL VERDADERO VALOR DE LA ADORACIÓN

En inglés antiguo la palabra «adoración» es *weorthscipe*, que incorpora la idea de «valor añadido». Ello significa en lo fundamental que una adoración verdadera de Dios es más que el ejercicio de un ritual religioso; es una expresión humana del valor apropiado que se otorga a la Persona que se adora y el costo personal de la práctica de adorarla.

La adoración tiene lugar cuando declaramos la dignidad del Señor:

- cuando venimos ante él para honrar su carácter, no para exhibir nuestra música o talento ministerial;
- cuando venimos ante él con humildad, sin protegernos del poder penetrante de su Espíritu, y
- cuando nos exponemos como niños a la verdad de su Palabra, en lugar de defender con autosuficiencia nuestras actitudes doctrinarias estrechas que producen más divisiones que unidad en el cuerpo de Cristo.

Debemos honrar al Dios que nos creó y al Señor Jesús, quien nos redimió cuando le asignamos el valor correcto. Él es digno de nuestra alabanza, adoración y exaltación. Tal adoración está destinada a él, dirigida por los principios de su Palabra para hacer posible y dar paso a la entrada de su gloria y el desarrollo de su fuerza, sustancia, gozo y libertad en nuestras vidas. Ella obra la transformación descrita en 2 Corintios 3:17-18:

Ahora bien, el Señor es el Espíritu; y donde está el Espíritu del Señor, allí hay libertad. Así, todos nosotros, que con el rostro descubierto reflejamos como en un espejo la gloria del Señor, somos transformados a su semejanza con más y más gloria por la acción del Señor, que es el Espíritu.

El peso de su gloria, exaltada en la adoración del Padre y la exaltación de su Hijo en el poder del Espíritu Santo, impacta, rehace y altera nuestro carácter y conducta. Ella libera, nos libra y separa de las garras del pecado y el ego y da rienda suelta a la vida-ministerio de Jesucristo para que se enrumbe a través de nuestra vida cotidiana. «De gloria en gloria» es la descripción de la Palabra de una vida que progresivamente se transforma para caminar en el compañeris-

mo y las bendiciones que fueron siempre el propósito de
Dios para nosotros.

Adorarlo a él que es *digno* promete una adoración que
emanará en gloria.

Es esa verdad la que nos lleva de nuevo a Icabod, al nombre que significa «no gloria».

Cabod es «gloria» en hebreo, y su más profundo significado reside en el hecho de que por lo general se refiere a peso,
sustancia (La «I» de I-cabod es un prefijo que niega el «peso
de la gloria»; por lo tanto, la «gloria ausente» que el nombre
lamenta). Y es aquí que esta historia nos invita, por contraste
no por comparación, de estar advertidos de las cosas que
despojan al corazón de la verdadera gloria. Nos invita a ree-
xaminar las cosas que Dios espera cuando adoramos, las
cualidades que traen el *cabod* de su presencia a un encuentro
directo con nuestras vidas, modelándolas e invistiéndolas
con el peso, la sustancia, las bendiciones y la presencia de su
gloria.

Ello expresa la totalidad de la revelación progresiva de la
Biblia del esfuerzo de Dios para recobrar y restaurar la gloria
perdida por la humanidad. El mismo Dios confronta allí lo
que se perdió al violar el compañerismo y olvidar la adoración en el Jardín del Edén. Su sacrificio de la criatura que trajo el revestimiento de la pareja caída es una imagen de la
adoración que *recobra* y renueva las posibilidades de su intención original de que se restaure cada hombre y cada
mujer.

Como congregaciones que adoran e individuos que adoran, necesitamos ser renovados con regularidad en nuestra
percepción del propósito de Dios al llamarnos a adorar. De
otra manera, somos tan vulnerables como Elí, sus hijos y el
pueblo de Israel de ser presa de los hábitos vacíos de las formas (no importa con cuánta fidelidad las observemos) o de

nuestra capitulación no percibida. Como Elí y sus hijos puede que nos encontremos en medio de un escenario divino, pero nos inclinemos ante la indulgencia con nosotros mismos en lugar de que nos modele su Espíritu transformador.

Vale la pena preguntar hasta qué punto esta verdad tiene que penetrar aún en cada rincón de la Iglesia. ¿En qué grado se ha enseñado por error a los creyentes que la adoración es solo una preparación para el sermón, o permitido que se convierta en una obligación religiosa sin alegría?

¿Cuán a menudo la mera excitación sustituye un hambre profunda de Dios, o un fanático abandono del buen sentido reemplazado lo genuinamente espiritual y un discernimiento del deseo de Dios porque lo adoremos con todo nuestro corazón? A ese respecto, ¿en qué grado las vacilaciones que preservan el orgullo propio obstaculizan a los creyentes manifestar con gozo la adoración ante Dios?

En contraste con el potencial de respuestas desalentadoras que se encuentran para esas preguntas, considere lo que puede ocurrir cuando usted y yo —como iglesia reavivada— nos abrimos a la convicción, la corrección, la rectificación y renovación del Espíritu Santo en lo que toca a la adoración. *¡La transformación a que da lugar el peso de la gloria de Dios dejará la impronta de su presencia en todos nosotros!* Eso no puede sino evocar un «¡Aleluya!» de cualquiera que conoce el amor de Dios, quien quiere exaltar a su Hijo y quien dirá: «¡Espíritu Santo, ven sobre mí y haz que esto suceda!».

Para mí que una creciente porción de la iglesia global se mueve en esa dirección. Lo he visto en los rostros de decenas de miles en conferencias y congregaciones. Lo he leído donde los corazones se abren y el cielo viene para llenar a aquellos que «tienen hambre y sed de justicia».

También encontré pruebas de una renovada búsqueda de lo que Dios quiere en nuestra adoración en la iglesia de hoy cuando recibí una llamada telefónica del editor de una de las revistas evangélicas cristianas para líderes eclesiásticos más respetadas.

«Jack», dijo él, «preparamos un número completo sobre la adoración y quiero pedirte que contribuyas con un artículo para él». Le confirmé mi disponibilidad si él creía que podía aportar a sus objetivos en ese número, y me sorprendió escuchar lo que dijo a continuación: «Creemos firmemente que no solo una buena teología es la clave para responder a las expectativas de Dios por nuestra adoración. Sé que estarías de acuerdo que el conocimiento de la Palabra y profundizar en la verdad de Dios es importante, pero al discutir este próximo número de la revista nuestro equipo editorial convino: *La tendencia del cristianismo evangélico es estudiar la verdad sobre la adoración, en lugar de abrirse por completo al Dios que adoramos* ». Siguió solicitando que abordara la cuestión: «¿Cómo llegamos al corazón de la adoración?», me pidió específicamente: «Puedes escribir una evaluación de las expectativas de Dios sobre nuestra adoración tal como las ves y cómo las aplicas?»

Así que vuelva la página conmigo, y permítame compartir lo que escribí. Mi convicción es que ello va al corazón de aquellos temas que mantendrán su *peso* en la adoración y afirmarán la gloria de Dios que se manifiesta por su presencia entre su pueblo y en nuestras iglesias.

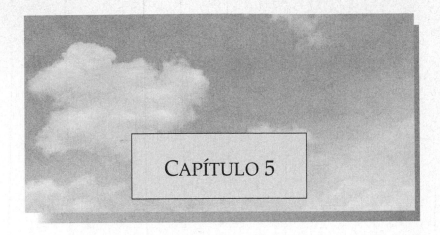

CAPÍTULO 5

En espíritu y en verdad

Llegar al corazón de la adoración

«Pero se acerca la hora, y ha llegado ya, en que los verdaderos adoradores rendirán culto al Padre en espíritu y en verdad, porque así quiere el Padre que sean los que le adoren».

Juan 4:23

A veces me preguntan: «Más que definir lo que pensamos que debe ser la adoración, ¿qué clase de adoración busca Dios en realidad? Es una pregunta valiosa, y mientras la Palabra de Dios nos llama con claridad a adorar en verdad y en espíritu, todas las presuposiciones y libros de texto teológicos en el mundo no pueden sustituir lo que más necesitamos. Por eso vale la pena examinar lo que nos puede suceder cuando elegimos postrar el orgullo, abrir el corazón y dejar que su Espíritu comience a moldear un espíritu infantil en nosotros, llevándonos a una práctica y genuina hambre y sed de Dios que brotan de un quebrantamiento que ha producido una verdadera humildad.

Aun cuando como líder cristiano he practicado, dirigido, estudiado y predicado sobre «adorar a Dios» por más de cinco décadas, todavía rehúso sugerir que tengo alguna experiencia sobre el tema. Toda una vida de entrar y experimentar su presencia me hace mantenerme consciente de lo poco que sé, y de lo dependiente que soy de él —no de mi experiencia— para conducir el liderazgo de hoy.

La cuestión que tenemos delante es: «¿Qué tipo de adoración honra a Dios? O, para mirarla de otra manera: Después de todo, hablando en términos teológicos, ¿qué hace de la adoración algo realmente excelente para Dios?

Abro en ese contexto para lo que sigue —la respuesta que ofrezco a las dos preguntas que me hicieron— con el pedido: «Dar a conocer las bases teológicas para nuestro estudio temático de la adoración».

A principio cierta reticencia me tentó a conformarme con lo que suponía se esperaba: un tratado sobre la gloria de Dios y lo apropiado de que la humanidad traiga dignas expresiones de adoración ante su trono. Claro, su magnificencia y grandeza *sí* recomienda la más elevada expresión de alabanza, así como la suprema devoción y adoración, pero sentí la necesidad de llegar a la«esencia» de la adoración. Así que he decidido adelantar un asunto no menos correcto en lo teológico, en mi opinión, pero que podría parecer inaceptable por dejar de repetir lo de siempre cuando se propone una «teología de la adoración».

A mi entender, la mayoría de las proposiciones teológicas sobre la adoración se centran en lo cerebral, sino sobre lo visceral: sobre la mente, no sobre el corazón. En la mayoría de las tradiciones cristianas occidentales, se acepta por lo general un desdeñar virtual tanto de la experiencia subjetiva como de la naturaleza mística del encuentro con Dios. Una teología corriente de la adoración se centra sobre un análisis objetivo de la Persona revelada, la naturaleza y los atributos de Dios, con la presuposición que la acompaña de que recitarle esta información a él constituye en esencia una adoración digna. Este centrarse en las ideas mentales *sobre* Dios, en lugar del hambre del corazón *por* él, pasa por alto la verdad de que la adoración es de hecho un don de Dios para nosotros, más que uno de nosotros para él; que él está más interesado en ayudarnos de lo que nosotros somos capaces de interpretarlo. Nuestra tradición evangélica, occidental, a menudo parece una insistencia escolar en que la adoración es un ejercicio intelectual. Pero las palabras de nuestro Salvador todavía hacen resonar el innegable llamado a adorar que trasciende el intelecto: «Dios es Espíritu, y quienes lo adoran deben hacerlo en espíritu y en verdad» (Juan 4:24).

Hemos estado inclinados a concluir que «mente» y «espíritu» son sinónimos, cuando la Biblia nos muestra que el «corazón» es quizá un mejor candidato para dar respuesta al significado de «adorar en *espíritu*». El hecho de que «en verdad» sea la frase que lo acompaña, sin lugar a dudas indica también la activa participación del intelecto; pero tampoco puede escaparse de ser secundario y subordinado a una completa entrega del corazón en la adoración *primero*.

Esta prioridad se considera por lo general sospechosa, si no se le resiste de manera categórica, porque nuestro sistema de valores intelectualizado minimiza el valor de las emociones. El corazón, como el centro más motivado emocionalmente de nuestra respuesta humana, se reputa menos digno de estar gobernado por los afectos que por la razón; se le ve como más vulnerable al engaño que el intelecto. Pero volverse sobre esta base, de una adoración nacida del corazón (esto es, «espiritual») a una adoración basada en una aproximación intelectual, es distraerse en una doble falsa ilusión: primero, que la mente está menos sujeta al engaño que el corazón (un concepto insostenible; vea 2 Corintios 4:4); y segundo, que la mente es *siempre* el medio por el que se contacta a Dios en la adoración (lo cual niega la Biblia; vea Job 11:7).

Esto no es para denigrar el valor inestimable del intelecto como don de Dios, ni para negar que la inteligencia humana contribuye a la adoración. Pero nuestra indagación es para responder a: «¿Qué tipo de adoración prefiere Dios de nosotros?, y la honestidad con las limitaciones de cualquier poder mental del ser humano impone el tema. En último análisis, la Palabra divina indica que él no busca algo *brillante*, sino algo *quebrantado* : «El sacrificio que te agrada es un espíritu quebrantado; tú, oh Dios, no desprecias al corazón quebrantado y arrepentido» (Salmo 51:17). No es que nuestras mentes sean vehículos indignos para recibir la *revelación* divina, sino que son muy limitadas para responder a la divina *invitación*. El intelecto puede descubrir la verdad sobre lo digno de adorar a Dios y puede decidir adorar. Pero para entrar de lleno dentro de las dimensiones de la presencia de nuestro Creador-Redentor —abrirse uno a la intimidad a la que él nos invita, así como al éxtasis con el que el amor eterno desea cautivar el alma humana— solo serán suficientes las capacidades espirituales del corazón que adora. Los ejercicios de nuestras mentes iluminadas pueden *deducir* a Dios, pero solo nuestros corazones ardientes pueden *disfrutarlo* y, a su vez, ¡experimentar su deseo de *deleitarnos*!

Ese es su deseo, sin lugar a dudas. La invitación de Dios a la vida y el gozo eternos es una expresión de su interés y preocupación desde la concepción de sus ideas sobre ello y la creación de la humanidad. Nuestros padres nos han enseñado esto: «El fin principal del hombre es amar a Dios y gozar de él para siempre» (Catecismo de Westminster). Este gozo anticipado no está reservado solo para la vida futura, pues Pedro dice de nuestra actual adoración de Cristo: «Ustedes lo aman a pesar de no haberlo visto; y aunque no lo ven ahora, creen en él y se alegran con un gozo indescriptible y glorioso, pues están obteniendo la meta de su fe» (1 Pedro 1:8-9).

Por lo tanto, sostendría que lo que está en la mente de Dios cuando lo adoramos no es cuántos pensamientos grandiosos tenemos sobre él, sino con cuánta pasión nuestro corazón lo desea; y lo que más quiere alcanzar en la comunicación de nuestro espíritu con el suyo es la transmisión de amor, vida y gozo. De esa manera, piso el riesgoso terreno de parecer minimizar la adoración al no centrarme primero sobre «la santidad de Dios y nuestra indignidad»; al proponer que, desde la perspectiva de Dios, la adoración es un medio destinado a abrir el corazón humano para que él pueda responder a la necesidad humana y servir su propio y sentido interés en el bienestar de sus más amadas criaturas. También me apresuro a enfatizar, por supuesto, que la excelsa gloria de Dios y la necesidad y el pecado humanos no se cuestionan: él *es* santo y nosotros *somos* indignos. Pero una vez que se ha recibido por medio de la fe la redención provista a través de la cruz de Jesús, quisiera afirmar:

- que la adoración que Dios mejor recibe no es en esencia ni primariamente intelectual (aunque sin duda no es ininteligible); y
- que el interés fundamental de Dios al darnos acceso a adorarlo es proveer una exposición y una experiencia proyectada para *nuestro* beneficio, no el suyo (aunque no cabe duda que Dios se deleita cuando acudimos ante él).

Propongo tal teología de la adoración sobre la base de las pruebas de su placer con la adoración que se le ofrece en los escenarios descritos en su Palabra, así como en declaraciones indirectas que él ha hecho. Estas revelan que la adoración que Dios recibe y honra es:

- la adoración que valora su presencia;
- la adoración que humilla el corazón;
- la adoración que sacrifica y espera algo de Dios; y
- la adoración que expande el amor de Dios por todos los medios.

Veamos las pruebas de estos puntos.

LA ADORACIÓN QUE VALORA SU PRESENCIA

Ante todo, Dios acoge en su presencia a aquellos que lo quieren. Su búsqueda puede ser una de desesperación o de deleite, de frenética necesidad o de un hambre amorosa de compañerismo, pero la motivación se ve que está en el centro y así es el placer de Dios con ella.

En Éxodo 33—34, un tierno y poderoso intercambio tiene lugar entre Dios y Moisés. Esta extiende el rango de las acciones desde un íntimo encuentro cara a cara a una dramática declaración del Todopoderoso, en cuyo momento se le entrega a Moisés un conjunto de tablas que contienen la Ley. Al centro de esta escena está la sentida exclamación que Moisés profiere:

—Si de veras es así, dime qué quieres que haga. Así sabré que en verdad cuento con tu favor. Ten presente que los israelitas son tu pueblo.

—Yo mismo iré contigo y te daré descanso —respondió el SEÑOR.

—O vas con todos nosotros —replicó Moisés—, o mejor no nos hagas salir de aquí.   Éxodo 33:13-15

Poco después de esto, Dios despliega su gloria ante Moisés, inequívoca señal de su placer y presencia (vea Éxodo 40:33-38; 1 Reyes 8:8-11).

No fue hasta que había estado en el liderazgo pastoral por casi quince años que tuvo lugar una transformación en mi manera de pensar sobre nuestros servicios de adoración colectivos. En lugar de reglamentar nuestras reuniones atendiendo a la estética, la mecánica y la académica de nuestro tiempo, comenzamos a hacer una prioridad la inclusión de una porción informal del servicio dedicada a cánticos improvisados de alabanza y adoración, a menudo, cánticos que expresaban de forma directa las Escrituras. Hasta este día, por lo general introduzco este tiempo durante nuestra adoración con una breve instrucción y anuncio de nuestro objetivo, quizá expresado lo mejor que pueda en las palabras de la ambientación musical de Graham Kendrick de las palabras de Pablo en Filipenses 3:7-11: «Al conocerte, Jesús».

A los dos años de nuestra seria búsqueda de la manifestación de la presencia de Dios entre nosotros —una estación rica en su propia consumación, y nunca privada de sentido de su cercanía— visitó nuestra iglesia un despliegue de su gloria y gracia que aún continúa. En esta continuidad no ha estado ausente nuestra periódica necesidad de una renovación de nuestra pasión por él. Estamos al tanto del hecho de que aun los más refinados hábitos espirituales son vulnerables a la artritis del ritualismo, cuando la forma pierde su objetivo, aunque su práctica siga ejercitándose sin tacha alguna. Pero con mansedumbre, el Espíritu Santo tiene un modo de conducirnos de regreso al «primer amor»: provocando *hambre* y *sed* renovadas del Dios viviente.

Esa adoración se atemorizará con su presencia y se enamorará de su Persona. Si la frase «enamorarse» parece a alguien ofensiva (como una vez me pareció a mí, como que quizá no es suficiente objetiva), quizá entonces debemos aprender a sentirnos molestos ante cualquier razonamiento

que distancie el corazón de una pasión que solo busca conocer y amar a Dios.

LA ADORACIÓN QUE HUMILLA EL CORAZÓN

Quizá el más memorable encuentro entre Dios y cualquiera
de los profetas es la ocasión del llamado de Isaías (vea Isaías
6:1-8). El grito miserable de un hombre pecador, «¡Ay de mí,
que estoy perdido!», no fue el resultado de un análisis intelectual, sino de un descubrimiento de la persona al entrar a la
presencia de Dios con una pasión desenfadada y una franqueza infantil. «Vi al Señor», dice él sin arrogancia ni apología, como una manifestación de la gracia que produce una
ruptura del orgullo, punto de vista que se confirma después
con más profundidad en el mismo libro (vea Isaías 57:15).

El punto de partida para confrontar el orgullo reside en
cómo nos acercamos a la adoración. Isaías, que se sabe per-
tenecía a la élite cultural y educada de su tiempo en Judá,
describe una humildad infantil y una disposición para el
aprendizaje que solo puede concurrir cuando tiene lugar
una entrada humilde a la presencia de Dios. Su grito, sin un
vestigio de conciencia sobre la forma de hablar y que revela
una disponibilidad sin reservas ante la revelación del propio Dios, es a lo que nos llama Jesús a todos:

> —Les aseguro que a menos que ustedes cambien y se vuel-
> van como niños, no entrarán en el reino de los cielos … Mi-
> ren que no menosprecien a uno de estos pequeños. Porque
> les digo que en el cielo los ángeles de ellos contemplan el
> rostro de mi Padre celestial.   Mateo 18:3, 10

Es esta sentida convicción de la necesidad esencial de espíritu infantil (no de infantilismo) en la adoración lo que me

hizo comenzar a comprender por qué las Escrituras nos llaman a una adoración *expresiva* —tanto vocal como físicamente— articulada sin desatinos, dramatizada sin pretensiones. Pocas cosas retan más nuestro orgullo que el simple llamado a la expresividad (aun a «cantar un poco más alto el siguiente verso»). No llevo conmigo un resumen para una calistenia orquestada en la iglesia, como si un conjunto de ejercicios hiciera posible una práctica litúrgica superior a los ojos de Dios. Pero he aprendido que la enseñanza cuidadosa y el ejemplo pastoral pueden ayudar a una congregación a dejar de lado la conciencia propia que releva una libertad infantil de expresión…y reta nuestras preocupaciones adultas sobre nuestra propia importancia.

Pienso que el motivo fue sincero, pero me confundió que el primer día unos de nuestros miembros sugirió que atemperara mi práctica pastoral de dirigir la adoración: «Pastor, si usted no enseñara e invitara a la gente a alzar sus manos en la adoración, pienso que nuestra iglesia crecería más rápido…» El individuo añadió entonces: «Creo que puede herir el orgullo de algunos».

Sin pensarlo mucho, mi cándida respuesta fue directo al punto tal como lo veía: «¿Herir el orgullo?, dije con suavidad. «Esperaba matarlo por completo».

No desdeño el apropiado respeto de la dignidad humana. Pero hay una actitud, escondida en la iglesia así como quizá en el mundo, que iguala la dignidad con el orgullo, y que es una falsa ecuación. El valor de cada individuo en mi congregación requiere que yo enseñe, ayude y modele una vía para que todos nosotros «vengamos como niños delante del Padre». Pero lo engañoso del orgullo, y su insistencia en hallar una forma para justificar su preservación —¡aun en la iglesia!— me invita a encontrar medios para conducir los corazones a una humildad como la de Isaías, una que dé lugar a una inédita visión de Dios, y allane el camino a una confesión y purificación profundamente sentidas en su presencia.

LA ADORACIÓN QUE SACRIFICA Y ESPERA

Hebreos 11:6 lo expresa muy bien: «Cualquiera que se acerca a Dios tiene que creer que él existe y que recompensa a quienes lo buscan». El texto se basa en la proposición de que la adoración siempre trae sacrificios a Dios, que quien «se acerca», ya sea con alabanza, una ofrenda o para entregar algo que el llamado del Espíritu Santo haya pedido, *presenta algo de sí mismo o sí misma a él*. Pero, al mismo tiempo, se nos dice que quien adora debe creer, con igual fe, algo se le dará a cambio por el propio Dios algo gratificante, enriquecedor, benévolo y bueno.

La tensión entre estas dos cosas —traer un sacrificio y esperar una recompensa— provee un lugar para un alegato común. Algunos se sienten obligados a defender a Dios contra el egoísmo humano y rechazarían el equilibrio que propone el texto. Pero la verdad es que Dios sí ofrece con liberalidad la recompensa de sus bendiciones, y se deleita haciéndolo. No le molesta argumentar: «No te atrevas a darme algo suponiendo que me manipulas para que te recompense». En lugar de ello, su Palabra solo dice, en efecto: «Como creíste y viniste a mí, espero que creas en que recompensaré tu búsqueda». *Por su puesto* los diezmos u ofrendas (que de hecho son apropiados y «sacrificios» bíblicos) ¡no deben ser un medio para regatear con Dios! Sino el llamado de Dios a la adoración está presidido por su propio empeño de bendecirnos. Por esa razón enseño sin vacilar las promesas de Dios en relación con su deseo de bendecirnos con provisiones físicas y materiales.

Cualquiera que sea el punto de vista interpretativo que un líder tome hacia Malaquías 3:10-12, citado abajo, ya que se vea como un pacto contemporáneo o no, aún revela una dádiva del corazón de Dios hacia la obediencia humana al ofrendar, y lo justo de las expectativas humanas de bendiciones en conjunción con esa obediente adoración.

«Traigan íntegro el diezmo para los fondos del templo, y así habrá alimento en mi casa. Pruébenme en esto—dice el SEÑOR Todopoderoso—, y vean si no abro las compuertas del cielo y derramo sobre ustedes bendición hasta que sobreabunde. Exterminaré a la langosta, para que no arruine sus cultivos y las vides en los campos no pierdan su fruto—dice el SEÑOR Todopoderoso—. Entonces todas las naciones los llamarán a ustedes dichosos, porque ustedes tendrán una nación encantadora —dice el SEÑOR Todopoderoso.

No es poco espiritual ensayar de nuevo la realidad eterna: La adoración es un regalo de Dios para nuestra bendición y beneficio. Él no la necesita. Nosotros sí. Mientras aprendemos a entrar con el corazón del todo abierto, encontraremos corazones limpios y humillados, y al final llegaremos con manos abiertas y llenas que dan… ¡y se van con la promesa divina de rellenarlas una y otra vez!

Esas manos aprenderán una cosa más.

LA ADORACIÓN QUE EXTIENDE EL AMOR DE DIOS

Si de hecho la adoración que complace a Dios atiende la necesidad humana más de lo que satisface la necesidad divina (si es que hay tal necesidad de parte de Dios), hay que esperar que la adoración que honra los deseos del Todopoderoso provocará *extender* las manos. De esa manera no sorprende que la definición concisa de nuestro Salvador del «mayor de los mandamientos» incluya «el segundo mandato, de similar importancia que aquél». Del mandato vertical, que se centra en nuestra adoración a Dios («Amarás al Señor tu Dios con todo tu corazón, alma, mente y fuerzas»), dimana en lo horizontal («y a tu prójimo como a ti mismo»). Básicamente, la única aprobación divina de nuestra adoración se hallará cuando resulte en corazones que se centran en cosas tales como:

- el perdón hacia otros, con esfuerzos de reconciliación y pacificación en nuestra diaria agenda de vida.
- agradables estilos de vida evangelísticos que caracterizan nuestra conducta y comunicación con los demás, de manera que la gloria descubierta en su presencia se manifieste en derramar nosotros una «luz» cálida y atractiva y en un testimonio sabio y verosímil; y
- en una disposición de servir desinteresada para ayudar en las necesidades humanas que se manifieste en un corazón piadoso por las víctimas de negligencia e injusticia, nutrido por un propósito misericordioso hacia aquellos cuyos depreciados valores revelan su ceguera.

Es este convencimiento el que lleva a una inclusión en los círculos de oración en casi todo servicio de adoración en nuestra iglesia. «Tiempo de Ministerio» es el nombre formal que usamos para un segmento de más o menos diez minutos de interacción y oración en un grupo pequeño, al que sigue por lo general un largo momento de sensible e íntima adoración a Dios llena de alabanzas. El hábito se formó décadas atrás al mismo tiempo que mis meditaciones sobre la adoración se revolucionaban. Los cuatro a cinco minutos durante los cuales de tres a seis personas comparten sus necesidades o preocupaciones personales y entonces oran el uno por el otro, es una clave inestimable de nuestra efectividad como congregación.

No obstante las dudas de aquellos que se preguntan si esa práctica podría quebrantar un estilo de búsqueda sensible, hemos encontrado que el Tiempo de Ministerio:

- aplica de forma prácticas el sentido del amor de Dios evocado en medio de la intimidad de la adoración;
- materializa la liberación del ministerio de los dones del Espíritu Santo en la asamblea;
- abre las puertas a la expresión personal, el mutuo interés y el poder de las oraciones puntuales y sentidas con sus consecuentes respuestas; y
- sienta las bases para la invitación al final del mensaje (¡porque es infinitamente más fácil invitar a las personas a recibir el amor de Dios en Jesucristo después que estas hayan tenido un encuentro personal con algunos que lo hayan mostrado!).

A través de los años, el fondo de la adoración parece haber sido satisfecho y continúa siendo satisfecho mientras perseguimos estos valores sobre la base del punto de vista teológico que he presentado. Nunca hemos perdido de vista a Dios como el supremo y el primero, pero no hemos basado nuestro método sobre otra cosa que el esplendor del amor que él nos muestra en Jesús, y ese don de amor enciende nuestra adoración. Lo que comienza apreciando a Dios, prosigue con la humillación de nuestros corazones, el despertar de nuestros sacrificios y el ofrecimiento de nuestro servicio. Lo que nace en el corazón encuentra expresión en las manos: manos que se elevan en humilde alabanza, se rinden en simple esperanza y sirven con gracia gentil.

Con esos sacrificios, parece que Dios se complace.

El resumen de esos cuatro puntos, aunque breves, ha parecido congelarse en mi mente: «Lo que Dios busca en nuestra adoración», y en el transcurso de los años, he hallado que tres resultados resuman constante y continuamente mientras los aplicamos:

1. La congregación ha experimentado una sensación constante de la presencia de Dios en nuestro medio. Se manifiesta en una gozosa reverencia, no solo con respecto al Dios Santo, sino en una libertad en la alabanza, que se regocija en la gracia de aquél que nos visita y se mueve entre nosotros mientras adoramos.

2. Hemos evitado la confusión respecto a las prioridades y el propósito. La cita clásica: «Lo importante es mantener lo importante como la cosa importante», se logra mucho más fácil en una congregación donde los pastores, los ancianos, los cantantes y los músicos se dedican a adorar como la primera prioridad. Y ello debe materializarse en todos esos grupos sin relegar el ministerio de adoración de la congregación a un «departamento de música». Cuando ese compromiso unánime de adorar se hace, todo lo demás cae en su lugar, sin luchas por el poder, sin competencia y con una fluidez de los dones de todas las partes actuando con sabiduría y unción. La actuación así como el programa, el compañerismo al igual que la mayordomía, todos fluirán unidos.

3. Hemos experimentado un abundante crecimiento en las vidas personales de los creyentes y un crecimiento que se expande mientras el evangelismo se proyecta hacia fuera a través del ministerio del Cuerpo. Crecimiento en la Palabra de Dios y desarrollo que penetra en el entorno al ministrar a las personas se convierten

una diseminación natural de la influencia de la sal y la luz de la iglesia. ¡La adoración trabaja! Su dinámica fluye del cielo mientras Dios toca al mundo a través de la gente que ha estado en contacto con él.

Estos son nuestros descubrimientos mientras buscamos crecer en la adoración y llevar a cabo el más completo y pleno propósito del Padre por traernos junto a él. La búsqueda de llegar al corazón de la adoración nos ha mostrado que, en el centro del objetivo de Dios al llamar a su pueblo a adorar, no hay solo un llamado divino a los principios, sino también a reverenciarlo, aprender de él y obedecerlo. Esta absolutamente avasalladora adoración en pos del corazón de Dios no solo satisfará los principios sino también los propósitos de Dios mientras se libera su poder hacia y a través de su pueblo. De esa manera, lo que comienza apreciando a Dios, prosigue con la humillación de nuestros corazones, el despertar de nuestros sacrificios y el ofrecimiento de nuestro servicio. Y lo que nace *en el corazón*, encuentra expresión *en las manos*. Cuando esas manos se alzan —como expresión de corazones que se elevan en humilde alabanza— se les enseña en la presencia divina a dar con sencilla obediencia y a servir con gracia gentil.

Tras habernos concentrado en estas facetas del propósito de Dios para la adoración, prosigamos a un sitio aún más fundamental de la comprensión y la práctica de adorar a Dios. Acompáñeme al «punto central» de la adoración.

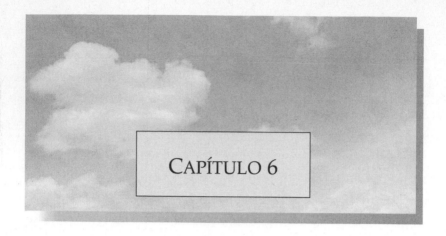

CAPÍTULO 6

Adoremos a quien es digno

La persona que adoramos

Dios, que muchas veces y de varias maneras habló a nuestros antepasados en otras épocas por medio de los profetas, en estos días finales nos ha hablado por medio de su Hijo. A éste lo designó heredero de todo, y por medio de él hizo el universo. El Hijo es el resplandor de la gloria de Dios, la fiel imagen de lo que él es, y el que sostiene todas las cosas con su palabra poderosa. Después de llevar a cabo la purificación de los pecados, se sentó a la derecha de la Majestad en las alturas.

Hebreos 1:1-3

Resulta casi inimaginable pensar para la mayoría de los seguidores de Jesús del siglo veintiuno que durante los primeros tres cuartos de las historia de la iglesia los creyentes no tuvieran copias de la Biblia. Aun tras el desarrollo de tipos movibles por Gutenberg, transcurrieron más de dos siglos antes que porciones sustanciales de la población pudieran adquirir una Biblia. A pesar de todo, durante todos esos siglos la iglesia adoró, se exaltó la persona de Cristo y el testimonio de salvación a través de su cruz se mantuvo. Esto es porque la adoración del Nuevo Testamento tenía un lugar central: la mesa del Señor.

La accesibilidad y la rápida disposición y movilidad de los recursos del pan y el vino —establecidos por el propio Señor de la iglesia como el ritual fundacional que debía observar su pueblo— tiene, como algo inherente a su simplicidad elemental, un triple racimo de integrantes de la adoración que, hasta este día, hacen de su mesa un lugar de reunión universal y un sitio uniforme de adoración.

Hay muchas opiniones en cuanto a lo que transpira en la mesa de Cristo. Hay diferentes requisitos para acceder a ella. Y se utilizan varios términos para nombrar su observancia: Comunión, Eucaristía, Misa y otros. Pero a pesar de las diferencias, doctrinas o dogmas que puedan dividir, la mesa del Señor ha prevalecido a través de los siglos como sitio central de adoración. Esto es cierto por una razón: Ella exhibe a la Persona central y la proclamación central de su evangelio.

Algunas tradiciones protestantes han colocado el púlpito como el escenario central de sus iglesias, pero aun en esos escenarios usted encontrará que los arreglos de la plataforma tienen una mesa (más a menudo que lo contrario, ya sea delante o detrás del púlpito) ¡y casi siempre en el centro! Adoramos a Cristo, pero él es el Cristo de la cruz. Con Pablo anunciamos, «Pero lejos esté de mí gloriarme, sino en la cruz de nuestro Señor Jesucristo, por quien el mundo me es crucificado a mí, y yo al mundo (Gálatas 6:14, RVR 1960).

Para describir el corazón de la adoración del Nuevo Testamento, podríamos diagramarla de esta manera:

La persona central	El lugar central	La pieza central
El Hijo de Dios	El evangelio de Dios	La Palabra de Dios
Jesucristo	La mesa del Señor	La Biblia
El Señor de la iglesia	El testimonio de la cruz	La Espada del Espíritu

Aun así, a pesar de mi diagrama preciso que provee una trinidad de «centros», hay una sola unidad de enfoque: *Todo lo de nuestro testimonio se encarna en la Persona de Jesús —¡la Persona que adoramos!*

- Él es la *persona central*. El Padre ha indicado de manera categórica que «a Dios le agradó habitar en él [Cristo] con toda su plenitud» (Colosenses 1:19), porque «toda la plenitud de la divinidad habita en forma corporal en Cristo» (Colosenses 2:9). Y en relación con Jesús, todavía resuenan las palabras del Padre en el Monte de la Transfiguración: «¡A él oíd!» (Mateo 17:5; Marcos 9:7; Lucas 9:35).

- Él es el *lugar central* del testimonio. Jesús ha definido la mesa del Señor como Suya por el mérito del hecho de que todo lo que aparece sobre ella es solo para brindar permanente testimonio de su cuerpo roto y su sangre derramada, los instrumentos que compraron y aseguraron salvación eterna a todos los que vengan a él. «El que come de mi carne y bebe de mi sangre, permanece en mí y yo en él» (Juan 6:56).

- Él es la *pieza central*. La Biblia existe para un propósito esencial: «¡Y son ellas [Las Escrituras] las que dan testimonio en mi favor» (Juan 5:39). Ya sea según el tipo, el presagio o la mención directa, el Mesías es el sujeto entretejido en la tela de cada libro de las Sagradas Escrituras. Y en términos de su último mensaje, él es la Palabra Encarnada.

¿QUÉ LUGAR PARA EL PROPIO CRISTO?

En cada generación hay dinámicas que apremian a la iglesia a escoger entre dos lugares siempre presentes de entrega o compromiso. Al llegar al siglo 21, no nos confronta menos este hecho recurrente, y es de máxima importancia que el pueblo de Dios discierna dónde se hallan esos dos temas presentes.

Algunos son más evidentes que otros. El liderazgo espiritual, por ejemplo, se ve presionado por todos lados ya sea para enfrentar o aceptar una tendencia moral y ética, no solo en la sociedad en su conjunto sino aun en la propia iglesia.

Cuestiones tales como la redefinición del matrimonio y la agenda radical relacionada con la requerida aceptación social de las costumbres sexuales redefinidas han convocado a la mayoría de los creyentes que se basan en la Biblia a determinar sus posiciones y regir sus vidas y círculos de influencia de acuerdo con ello.

Hay otra cuestión que confunde a la iglesia global , que no está tan carente de convicciones como de comprensión de que la cuestión tiene la actualidad que tiene. El obrar en desarrollo del Espíritu Santo confronta a la iglesia con el antiguo pueblo de Dios, los judíos, y sobre todo al desplegarse sus propósitos soberanos para ellos en la lucha política sobre el estado de Israel. ¿Sucumbirá la iglesia a la pasividad que ha hecho que los cristianos se rindan ante las fuerzas del antisemitismo global (p.ej. el Holocausto)? O se levantará nuestra influencia y voz colectiva, informados por las realidades históricas más que con el cerebro lavado por una prensa secularizada?

Estas cuestiones, no obstante la importancia que cada una tiene en sí misma, apenas dan constancia de los temas espirituales y morales que confrontan la iglesia.

Y muy por encima de estas, y más allá de cualquier otra, está la cuestión a la que toda generación estará llamada a rendir cuentas. Nuestra generación, como cada una antes de ella, debe responder esta pregunta: ¿Qué lugar se le da al propio Cristo en su Iglesia?

Esta pregunta no se decide por los concilios, aunque ellos pueden ratificar creencias. No se decide a través de declaraciones doctrinales, aunque estas puedan hacer enunciados sólidamente ortodoxos y bíblicamente correctos. Más bien es la vida semana tras semana de pastores y líderes y la vida de adoración de la gente que forman las congregaciones locales la que responde a esta pregunta de: «¿Quién es Jesús y como Yo [o nosotros] nos relacionamos con él? Y es esa decisión hecha en el lugar de adoración la que determinará quién será el pueblo de Cristo en sus hogares y en la sociedad.

UNA LÍNEA DIVISORIA EN LA ADORACIÓN

Vivimos en días de una muy anunciada y en extremo bien recibida renovación de la adoración. Es un despertar —un bullicio que recorre las naciones, por todo el extenso cuerpo de Cristo— y está alterando liturgias, creando nuevos formatos de aproximación a la adoración, transformando la atmósfera musical y abriendo las ventanas de la iglesia al aire fresco y a la luz del cielo en nuestro medio.

En medio de la renovación en forma y estilo, sin embargo, puede que el jurado se mantenga en consulta sobre esta pregunta: ¿Hay una renovación acompañante —de hecho, hay necesidad de un avivamiento—en el ámbito de la comprensión de la adoración? No se requiere un ojo inquisidor, solo uno que observe, para responder a esta pregunta. La respuesta es *¡SÍ!* Las mayúsculas, las itálicas, y el signo de admiración constituyen un énfasis estudiado y necesario.

Permítame elaborar.

Estoy persuadido de que nos encontramos en un punto en la renovación de la adoración que resultará, en el futuro cercano, ya sea en su proliferación con poder espiritual o en su polución a través de una confusión que no discrimina. Lo último ya hace olas, pero todavía puede contenerse la marea para evitar el surgimiento de ideas y hábitos erróneos que viajan en nombre de la adoración inundando el estilo de vida de muchos sectores de la Iglesia que carecen de discernimiento.

Lo que se necesita por encima de todo es el restablecimiento de una concentración sin desvíos en la Persona que adoramos. Jesús, el Señor de la Iglesia, el Padre todopoderoso, el Soberano del universo, el Espíritu Santo, el Purificador así como la fuente de poder del pueblo de Dios. A él adoramos. Pero una línea divisoria se encuentra cerca porque está seriamente en duda, y es hasta dudoso, en qué grado la marea de la adoración está impregnando las almas en ese entendimiento sobre una base cotidiana.

Hay por lo menos cuatro razones para suscitar esta cuestión.

1. La palabra *adoración* en sí misma ha llegado a ser tan definida que se confunde con música, en lugar de «postrarse uno mismo en espíritu ante aquél al que se debe atribuir todo mérito».

2. Los estilos de la plataforma, aunque por dicha se han movido de lo rígido arcaico a lo contemporáneo más comunicativo, resultan con demasiada facilidad el foco de atención de los presentes, en lugar de que quienes adoran sean conducidos al asombro, a la humildad o una tierna entrega al Señor.

3. El éxito de la música de adoración en nuestro medio hace, con creciente sutileza, que engañados compositores, artistas y arreglistas sucumban a las preocupaciones con el estilo en lugar de la sustancia. Mientras que muchos ejercitan su don con gran sensibilidad y mayordomía espiritual, otros —a menudo más jóvenes y más vulnerables a la tentación, así como menos discriminadores sobre las desviaciones indeseadas que pueden comprometer su misión— vagan sin dirección.

4. Sólidas líricas ajustadas a la música, la manera histórica por medio de la cual la iglesia ha obedecido el llamado del Nuevo Testamento para que «habite en ustedes la palabra de Cristo con toda su riqueza» (Colosenses 3:16), demasiado a menudo se convierte en una incontrolada preocupación con el «yo», una perezosa atención al editar o una pobre comprensión de la Palabra de Dios.

A este respecto David Bryant, en su libro con el mismo título, lamenta una reducida evidencia de «la supremacía de Cristo» en la iglesia. Esta es una preocupación respetable, una que he señalado en la decreciente presencia de conceptos fundamentales y conclusivas verdades redentoras en los cánticos que se extienden hoy en día por toda la iglesia. El nombre de Jesús (o Cristo), la sangre de Cristo (o la cruz, la inclusión momentánea de citas parciales de frases bíblicas (el significado de los *salmos*), están entre las víctimas conceptuales que se necesita restaurar para esta generación; fundir y atar a las mentes, las almas y el corazón de la iglesia que adora.

No considero esta observación como un criticismo encubierto de una creatividad encrespada o un llamado juvenil o un giro contemporáneo de las frases. No tengo reservas sobre ese estilo de criticismo que toda generación ha enfrentado en la negativa de quienes envejecen y no tienen nada bueno que decir sobre algo contemporáneo. He hablado con más adolescentes y estudiantes de colegios en los últimos cinco años de mi ministerio que nunca en mi vida. He servido como pastor en una congregación rica en talentosos músicos y artistas contemporáneos que navegan por la sociedad secular con pericia y éxito. La mayor parte del tiempo adoro en una congregación que mezcla lo más contemporáneo con lo históricamente clásico. Sintetizadores y guitarras acústicas encenderán la alabanza cual recientes composiciones de loas a Dios que se reciben del mundo en derredor, mientras en el mismo servicio un órgano manual de tres teclados respaldará el tronar de la congregación al cantar «Castillo fuerte es nuestro Dios». En pocas palabras, no soy un teólogo malhumorado o un caprichoso y exquisito crítico de algo que me lleve más allá de aquello a lo que estoy acostumbrado. Acepto la música de adoración en todas sus formas y estilos.

Todavía hago sonar esta trompeta, y no es un solo. Lo que conozca de líderes como Don Moen, Darlene Zschech, Marcos Witt, Matt Redman, Mary Nystrom, Steve Green, Lamar Boschmann, Tommy Walter, Wayne y Libby Huirua y otros confirma mis inquietudes. Aunque ninguno de estos es menor de treinta años, su círculo de relaciones y muchos asociados inmediatos sugieren que no son una compañía de gente anticuada o extemporánea.

Aun más (¡y perdón por incluirme a mí mismo!), juntos constituimos un grupo que, al lado de muchos otros músicos altamente dotados, ha llevado la bandera de la adoración a una era en la que lo «contemporáneo» fue al principio rechazado. Nuestra preocupación ahora es que lo «contemporáneo» no se convierta en sinónimo ya sea de «confuso», «carnalmente corrompido», «teológicamente infecundo» o «comprometido en sus motivaciones» hasta el punto que la Persona que adoramos palidezca en las sombras creadas por nuestras preocupaciones con el éxito estilístico, el atractivo contemporáneo o el desplazamiento del significado con mera «música».

¡ELEVEMOS EL NIVEL…Y LA BANDERA!

Dos de los usos más efectivos de banderas que nunca he visto en un servicio de adoración tuvo lugar en uno de mis viajes recientes. Ambos fueron en dos reuniones dominicales bien ordenadas aunque espiritualmente liberadas en las que hablaba. Uno fue en una iglesia metodista y en una Asamblea de Dios. Lo que me impresionó fue con cuánta efectividad se aplicó —con buen gusto y al mismo tiempo de forma dinámica— el concepto bíblico de desplegar y agitar banderas: «Nosotros celebramos tu victoria, y en el nombre de nuestro Dios desplegaremos las banderas (Salmo 20:5; vea también el Cantar de los Cantares 6:4, 10).

Lo que más me emocionó fue cómo el uso de banderas en las dos iglesias atrajo de forma gloriosa la atención hacia Jesucristo y motivó a las congregaciones a alabarlo y magnificarlo.

Esto contrastó de manera muy notable con varias experiencias que había tenido en las que almas bien intencionadas y sin duda sinceras, pero ya sea faltas de juicio o fuera de control, se movieron en desorden en torno al frente del santuario, agitando banderas mientras bailaban, a veces sin arte y siempre en forma perturbadora (Me apresuré a comparar esto con muchos grupos de bailes de adoración bien entrenados, disciplinados y coreográficamente ordenados que había visto que añadían tanto a la adoración como los demás artistas —cantantes y músicos— que ayudaban a las congregaciones a exaltar como es digno al Señor.)

En esa iglesia metodista, sostenían gloriosas banderas que llevaban el nombre del Señor a todo lo largo del edificio mientras la congregación se paraba y la orquesta tocaba: «Todos celebren el Poder del Nombre de Jesús». La gente se puso en pie, menos debido a un requerimiento formal que por el crudo poder del momento que casi lo alzaba sobre sus pies y hacía que su corazón se uniera al himno con las manos levantadas y gran alabanza.

El momento decisivo en la Florida a partir de un maravilloso preludio coral, mientras se reunían los creyentes, a comienzos del servicio, fue la fanfarria de trompetas y el llamado del líder a la gente a ponerse en pie. El coro irrumpió con la canción: «¡Quiero ver a Jesús elevarse: una bandera que ondea sobre la tierra!». Cuando lo hicieron, un grupo que portaba banderas comenzó a alinearse dentro del santuario, agitando gozosos las telas de matiz dorado mientras dirigían a la congregación a pronunciar la enfática declaración de un hecho tácito aunque obvio: ¡En este lugar Jesucristo es el Señor!

Mi corazón resonó con fuerza —lo que no sorprende pues pese a las tres décadas de mi liderazgo pastoral en la Iglesia Sobre el Camino, apenas ha habido un domingo en que, en algún momento, la congregación no se haya levantado para cantar: «Todos aclamen el poder». Este himno era considerado y crucial como parte de nuestra adoración, por lo general entonado al principio del servicio, a continuación de un conjunto de cánticos contemporáneos que abrían la reunión. La gente nunca se cansaron de él, así como nunca se cansaron de nuestra inclusión de un único himno clásico cada mañana de domingo.

Mis propósitos estratégicos en cada una de estas prácticas: primero, por medio del cántico de «Todos Aclamen el Poder», mostrar la tarjeta de presentación del Señor al inicio de nuestro servicio; y segundo, por medio del himno, enseñar lo que solo puede hacer una canción de varios versículos sustentados bíblicamente. También aprendí la forma dinámica en que el Espíritu Santo puede utilizar los himnos más antiguos para pulsar las cuerdas de la memoria en personas que experimentaron estas canciones en la niñez. Muchos han dado testimonio de lo que este hizo por ellos, que es lo que expresa la canción de Andre Crouch: «¡Llévame, llévame, amado Señor, al lugar donde creí en ti!».

Una palabra sobre «el arte» y los «conciertos de adoración»

Mientras la comunicación contemporánea se convierte en la política de puertas abiertas de más y más iglesias (y gracias por ello), los creyentes se enfrentan con el reto de balancear lo eterno y lo momentáneo. Ya sea que proveamos liderazgo en la iglesia o seamos creyentes con una vocación por el hogar o el lugar de trabajo, nos vemos enfrentados, con respecto a lo «nuevo» en la música de adoración y en las prácticas de adoración de la iglesia, con la necesidad de discernir, comprender y apreciar lo que está centrado en Cristo y lo que no lo está.

Déjenme comenzar afirmando una convicción previa: De ninguna manera creo que la música, el drama o las manifestaciones artísticas de ningún tipo son valiosas solo si son «cristianas». Esto no solo es incierto sino hostil al hecho fundamental de que Dios hace cosas notables a través de las personas, a menudo a través de algunas que no lo conocen ni honran a su Hijo.

Todavía.

Digo *todavía* porque creo que deshonrar la dignidad y creatividad de Dios a través de una persona, solo porque sea todavía inconversa, es cerrar de golpe una puerta doble: la parte de abajo al rechazar el don de una persona aquí sobre la tierra, y la parte de arriba al rechazar dar honor al Dador de la gracia celestial a través de esa persona.

Fui un líder pastoral cerca de diez años antes de «darme cuenta de ello»—la comprensión de que con Dios no hay tal cosa como una dicotomía sagrado/secular. Él no ha dividido el mundo en lo religioso y lo no religioso. Antes bien, desde la perspectiva celestial la línea divisoria es la dicotomía entre la luz y las tinieblas, entre el bien y el mal, entre lo divino y lo satánico, entre el Gran Creador Dios y el mentiroso-engañador Satanás.

En consecuencia, tiene mucha razón celebrar la creciente inclusión de las artes así como de la música en más y más iglesias evangélicas y en sus servicios de adoración. Esto es algo que en potencia honra a Dios en sí mismo. Pero es tan vulnerable a la distorsión y confusión como aquellas cosas que hemos observado que con mucha facilidad distraen de la misión real de la iglesia. Este es otra cuestión que nos llama a elevar nuestro discernimiento; a rehusar maravillarnos tanto por nuestro reconocimiento de la *creatividad* que se expande que descuidemos mantener nuestra atención sobre el *Creador*. Romanos 1:21-25 revela lo inevitable de la perversión que invadirá por doquier los fines humanos al glorificar la criatura o lo creado más que al Creador; y no hay pared divisoria que impida que ocurra lo mismo con los creyentes.

La adoración y los servicios de adoración necesitan mantener su foco claro. Al servir en una congregación llena con artistas de veras dotados, y al desear ver que sus dones se desatan para inspirar y alentar a otros, conozco de primera mano el reto de mantener el discernimiento en esta área. De mi parte, la clave ha sido distinguir entre adoración y edificación. La primera es una presentación a Dios; la segunda es una presentación al hombre. Necesitamos distinguir entre las dos en nuestro entendimiento, en nuestra abierta bienvenida de lo artístico y en nuestro despliegue público de las artes o nuestro disfrute privado de ellas.

Mucho de lo que se hace cuando se presenta lo artístico en la Iglesia (o se disfruta por un creyente) sí nos trae comprensión, inspiración y alegría edificante. Y estoy de acuerdo en que tal presentación o actuación por un artista puede ser, para ese individuo, un acto de adoración a Dios mientras él o ella presentan el don en ministerio a su gloria. El mensaje de «El muchacho con el tambor» ilustra este concepto, y no hay razón para dudar que Dios se deleite con tales dones. Tampoco se escapa, sin embargo, que para muchos que contemplan a un artista, su reacción no es adorar a Dios. Asombro, aprecio, expresiones de reconocimiento, aun con aplausos que incluyen a Dios en el tributo, no es el equivalente de adorar al Señor.

¿De qué forma se mueve a las masas?

Esto me trae al delicado punto de distinguir entre una práctica aceptada en los arreglos musicales contemporáneos y lo que vemos como no aceptable en general en un servicio de adoración. Es una práctica que surge de una maravillosa evolución de los «conciertos de adoración» como un medio de evangelización, una práctica que se extiende (por dicha) por todo el mundo, mientras se adora a Dios en reuniones en las que la atractiva naturaleza de la música y los artistas contemporáneos atraen a las personas a fin de exponerlas al testimonio del evangelio. Ya sean coros, bandas, grupos o artistas individuales, los aplaudo todos, sobre todo cuando los que actúan son personas «que tienen sus mentes dirigidas a Jesús» y quienes viven vidas consistentes con aquellos que son sus discípulos.

Al advertir el valor de estos escenarios, tenemos una ilustración inmediata de la diferencia entre adoración y edificación, porque la mayor parte de lo que ocurre en un concierto de adoración promedio no es, por lo menos al comienzo, algo que mueve a *las personas* (las atrae a Dios) tanto como que *mueve* a las personas (o sea que las atrae a la música). Este no es un argumento contra la estrategia de comenzar con la música como un medio estratégico para evangelizar, pero es algo que nos hace reflexionar debido a un creciente hábito que observo en la iglesia como un todo.

Los arreglos musicales diseñados para la presentación de un concierto son de forma creciente los mismos que se utilizan en los servicios de adoración. Mientras que esa apropiación puede funcionar en muchos casos, la tradición de «conciertos» de largos interludios musicales dentro de una pieza —p.ej. al darle ocho cortes a quien toca el tambor, el guitarrista y al instrumento de viento «para disfrutarlos», mucho para el deleite de la audiencia, que se manifiesta en sus aplausos para cada artista— no es, en mi opinión, propio de un servicio de adoración. La cuestión no consiste en que sea pecaminoso; esto no es solo productivo en lo que toca a un culto de adoración.

En pocas palabras, uno no puede importar un estilo de concierto a una verdadera reunión de adoración. Se trata de dos cosas diferentes, ninguna de las cuales se puede confundir con la otra.

LA SUPREMACÍA DE CRISTO

Temprano en mi ministerio me conmovió un libro escrito por Robert Speer, un misionero presbiteriano que dejó un maravilloso testimonio en su obra, *La Supremacía de Cristo*.

Ese tema bien podría haber servido de título a la Epístola a los Hebreos, que es donde quisiera concluir este capítulo.

Quizá ningún libro en toda la Palabra de Dios resume de manera tan sucinta y penetrante lo apropiado que es que el propio Jesús —su adoración, su alabanza y el honrarlo de manera gloriosa— se convierta en el centro y la esencia de todo lo que pensamos sobre el plan, la preparación, los arreglos, la producción, el programa y lo que *hacemos* cuando adoramos. Su honor y gloria tiene que ser el objetivo último de todo lo que perseguimos como adoradores, ya sea que dirijamos o sigamos. Su supremacía se revela muy bien en la Palabra de Dios: Toda adoración debe fluir de esa fuente de la revelación a fin de mantener una perspectiva plena y glorificadora de él.

Cuando el Espíritu Santo nos lleva a la Palabra y al Salvador —y entonces por medio de nuestros cultos de adoración nos conduce unidos a magnificar su nombre, para que otros sean conducidos a él mientras lo exaltamos— el propósito glorioso de la adoración puede alcanzarse. Esa es la razón por la que urjo a todos que desean adorar, y aún más a todos los que desean dirigir, a mantenerse llenos con la Palabra. De esa fuente el Espíritu Santo enseguida inundará nuestros espíritus con Cristo, renovará nuestras mentes por medio de la verdad, influirá en nuestros pensamientos con su amor y controlará nuestras vidas por medio de la presencia y las pautas de su reino, preparándolo todo y animando a plenitud nuestra adoración.

Permitamos que todo lo que caracteriza el libro de Hebreos entero configure el carácter de nuestra adoración. En sus páginas se elabora la supremacía, la finalidad y la ultimidad de nuestro maravilloso Salvador. Las palabras que abren la epístola anuncian, *«Jesús es el Mensaje*: «Dios, que muchas veces y de varias maneras habló a nuestros antepasados en otras épocas por medio de los profetas, en estos días finales nos ha hablado por medio de su Hijo…» (Hebreos 1:1-2).

Los primeros tres versículos de Hebreos 1 hacen siete declaraciones sobre nuestro Señor Jesucristo. Cada una debe ser explorada como si se pudieran encontrar en cualquier otro lugar de las Escrituras, pues una inagotable mina de verdad espera ser hallada en cada declaración. ¡Es imposible dedicar tiempo a un pasaje como este y no habituarnos a mantener nuestra perspectiva cuando adoramos!

La Persona que adoramos es:

- el heredero predestinado de todo (v. 2);
- el vehículo del poder de Dios por medio del cual él hizo el universo (v. 2);
- el resplandor de la gloria de Dios mostrada a la humanidad (v. 3);
- la expresión última de la realidad suprema (v. 3);
- el Sostén de todo lo que existe en el Universo (v. 3);
- el que salva del pecado y es redentor de la humanidad pecadora (v. 3); y
- el Señor exaltado y que ascendió a su Majestad en las alturas (v. 3).

Este es aquel ante quien venimos con nuestras alabanzas y acciones de gracias. Él es aquel cuyo amor y gracia incitan nuestro regocijo y alabanzas. Su Padre, nuestro Creador, es aquel sumamente glorioso que nos dio a este Jesús. Su comisionado Consolador, el Espíritu Santo, es aquel que nos enviaron para inundarnos con el poder que hace posible y nos da la capacidad para glorificarlo a él, a Jesús nuestro Señor.

Maravilloso es el nombre de Jesús,
Rey poderoso y fiel, de todo es dueño él.

Maravilloso es, Cristo el Señor; Cristo el Señor.
Pastor divino, la Roca eterna, Dios poderoso es;
Venid, amadle, hoy adoradle;
Maravilloso es, Cristo el Señor.

Que los himnos se eleven mientras los corazones, las manos y las voces hacen lo mismo. La cosa más sabia y poderosa que podemos hacer para dirigir las personas en la adoración es enseñarles acerca de Jesús. Mientras más crecen en conocimiento de quién es él, se elevará incesante la adoración genuina, los corazones que adoran se sanarán y transformarán, y ondas expansivas de vitalidad espiritual sacudirán las tinieblas en nuestra parte del mundo.

SEGUNDA PARTE

EL PODER DE LA ADORACIÓN

Elevamos nuestra voz con alegría

Elevamos nuestra voz con alegría porque el Señor de
 arriba
Ha enviado a su Hijo para salvarnos, y manifestar su
 amor.
Que en cada colina resuene esta canción que elevamos,
«Gloria, poder y alabanza a Aquél cuya sangre nos ha
 comprado».
Elevamos nuestros ojos en fe a la cruz donde él murió.
Redimidos a un precio inalcanzable, ahora somos
 justificados en Cristo.
Su sangre ha lavado nuestras vestimentas, su paz ha
 llenado nuestras almas.
La Cruz es ahora nuestra gloria pues la gracia nos ha
 sanado.
Elevamos nuestros corazones para adorar el nombre de
 nuestro Salvador que vence.
Nuestras lenguas pronuncian las alabanzas de Aquél que
 permanece el mismo.
Jesucristo reina en poder a través de la eternidad.
Como ayer, así ahora, y por siempre él será.

[Coro]
Te alabamos, Oh padre, inefable es nuestro gozo.
En Cristo encuentran nuestros corazones la gloria que el
 poder del pecado no puede destruir.

J. W. H.

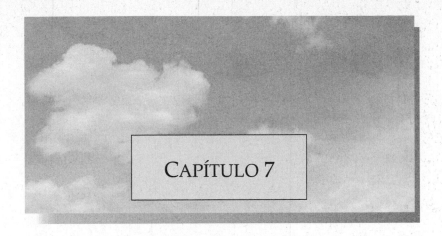

La belleza de la santidad

El poder purificador de la adoración

«Porque tuyo es el reino y el poder y la gloria por siempre jamás. Amén».

Mateo 6:13, RVR 1960

La adoración es el manantial de todo poder. El anuncio del propósito de Dios en nuestras vidas y la restauración de su gobierno sobre la tierra tienen lugar por medio del poder de la adoración. Cuando el Jesús resucitado atrajo a sus discípulos reunidos en Galilea, fue tras su adoración de él que el Señor les dio la Gran Comisión. De hecho la Iglesia *recibió la comisión* en un servicio de adoración:

Los once discípulos fueron a Galilea, a la montaña que Jesús había indicado. Cuando lo vieron, lo adoraron; pero algunos dudaban. Jesús se acercó entonces a ellos y les dijo:

—Se me ha dado toda autoridad en el cielo y en la tierra. Por tanto, vayan y hagan discípulos de todas las naciones, bautizándolos en el nombre del Padre y del Hijo y del Espíritu Santo, enseñándoles a obedecer todo lo que les he mandado a ustedes. Y les aseguro que estaré con ustedes siempre, hasta el fin del mundo».

Mateo 28:16-20

También la iglesia *nació* en un servicio de adoración. En el Pentecostés fue la adoración del Señor en una dimensión milagrosa, no la proclamación del evangelio, lo que atrajo a la gente e introdujo el poder del reino de Dios (vez Hechos 2:1-13). Es aquí donde vemos el cumplimiento de la promesa de poder dada antes por el Señor:

«Pero cuando venga el Espíritu Santo sobre ustedes, recibirán poder y serán mis testigos tanto en Jerusalén como en toda Judea y Samaria, y hasta los confines de la tierra».

Hechos 1:8

Pero en ambos, el encuentro en Galilea y en el Pentecostés, la gente se resistió. Aun entre aquellos que estaban más cerca de Jesús, «algunos dudaron» (Mateo 28:17). Y en Pentecostés la exuberante adoración ofendió el gusto de algunos que se burlaron de quienes adoraban como si estuvieran «borracho» (Hechos 2:13).

Lo mismo ocurre hoy. Aun cuando, como en Pentecostés, haya una efusión del Espíritu, con el propósito de satisfacer a Dios, todavía hay quienes dudan, se burlan o se ofenden.

La duda no es necesariamente algo que descalifica para ser su siervo escogido. Pero es un obstáculo para nuestra fe y nuestra adoración. Como los discípulos estaban presentes entre los 120 a través de los cuales fluyó el Espíritu Santo con poder en Pentecostés, parece seguro asumir que todos los discípulos vencieron sus dudas. El poder de la adoración tiene la capacidad de ahuyentar dudas y dispensar una fe vital.

A lo largo de la Escritura, dondequiera que la iglesia está en oración o adora, hay una gran dispensación de poder. Quizá el caso más notable esté registrado en Hechos 13 donde, «mientras ayunaban y participaban en el culto al Señor» (v. 2), el Espíritu Santo los instruyó de apartar a Pablo y Bernabé para el trabajo al que los llamaba. Y lo que ocurrió bajo la dirección del Espíritu Santo en una reunión de adoración en Antioquia hace veinte siglos conformó el verdadero fluir de la historia y el curso de la civilización occidental.

LA ADORACIÓN SE ENFRENTA AL ORGULLO CARNAL

La adoración bíblica requiere transparencia, franqueza, reconocimiento de la necesidad y exposición de sí mismo. La adoración se enfrenta al miedo y el orgullo inherentes a la carne humana. Todos estamos acosados por la carnalidad que nos hace temer lo que otros puedan pensar de nosotros; me puede dominar como pastor cuando vacilo en dirigir de la manera que Dios me orienta porque temo ofender a alguien. Pero cuando nos consagramos a servir a Dios de la forma que él quiere, experimentamos la dispensación de su divino poder y propósito en nuestras vidas.

En un momento decisivo de mi propio ministerio y la vida de nuestra iglesia ocurrió poco después que asumí el pastorado de la Iglesia sobre el Camino. Fue en octubre de 1970 durante el espacio de adoración de nuestro servicio, con quizá sesenta personas presentes, que una mujer sacó a relucir una palabra de profecía. Yo estaba sentado en el órgano, pues era la única persona presente que podía tocarlo. El joven que dirigía el servicio no sabía cómo manejar la profecía, y recuerdo que me sentí turbado porque la congregación no había respondido a ella. Me deslicé del banco del órgano y caminé al frente de la iglesia para hablarle a la congregación, consciente del hecho que una familia de cinco miembros estaba de visita y se hallaba sentaba atrás.

Cuando uno tiene solo unas sesenta personas en la congregación, ¡cinco visitantes son un añadido grande! Con la esperanza de que podrían decidir unirse a la iglesia, no quería ofenderlos de ninguna manera. De manera que pasé al frente de la iglesia, y recuerdo que tenía que tomar una decisión. ¿Me preocuparía con la razonable comodidad de aquellas cinco personas o sería obediente a lo que sabía que Dios decía?

Expresando mi deseo de no abochornar a los huéspedes de ninguna manera, emplacé a la congregación sobre cómo íbamos a responder a la palabra de profecía. Les dije que creía necesitábamos conformarnos a la idea de que cuando Dios nos hablaba como iglesia, haríamos lo que él decía y no nos preocuparíamos con lo que pensara la gente. Estaba pensando, anuncié, que desde ese día en adelante siempre dirigiría la adoración de esta congregación. Lo haría con tanta gentileza y tacto como fuera posible; sin embargo, buscaría que solo me guiara el deseo de Dios. La congregación asintió con claridad lo que había dicho, después de lo cual cantamos, y un bello espíritu de alabanza comenzó a elevarse.

Ese día obviamos un obstáculo monumental. Un espíritu demoníaco que había estado oprimiendo la iglesia fue quebrantado, y una gloriosa libertad comenzó a hacer acto de presencia en nuestra adoración. Dos meses más tarde el Señor manifestó su gloria en nuestro santuario.

El poder de la adoración está encerrado en esta verdad: Cuando las personas se dedican a adorar, el Señor morará entre ellas en poder. Y mientras ellas permanecen adorando, él no solo habita en medio de ellas, sino desarrolla la vida y extiende el gobierno del Reino de Jesús entre ellas.

La adoración anuncia el propósito, el poder y la senda de lo que Dios quiere hacer en su iglesia; y establece el clima en el cual la gente comienza a conocer una verdadera sumisión a Dios, entre sí y hacia el liderazgo de la iglesia.

LA ADORACIÓN CREA UN LUGAR PARA RESTABLECER EL GOBIERNO DE DIOS

Lo que ocurrió a la caída del hombre ca usó la pérdida de nuestra relación con nuestro Padre celestial y nuestro ordenado gobierno de este planeta. Por el pecado de Adán se separó la humanidad del compañerismo con Dios, y le cedió al príncipe de las tinieblas la participación y el dominio de la tierra que Dios nos otorgó a nosotros.

La adoración es esencial para el plan de Dios de redención y provee una avenida estratégica para su entrada en un mundo alienado. Ella es el medio por el cual Dios genera el poder para que su domino se extienda (en la evangelización, la ofrenda de sacrificio, la intercesión y la ruptura de los baluartes del infierno). Donde se manifiesta la adoración, viene a morar la presencia de Dios, y donde permanezca la presencia de Dios, allí habrá poder. Como resultado se frustran las obras de las tinieblas y las personas con las que Dios ha restaurado el compañerismo y en cuyo medio él es capaz de revelarse a sí mismo por su presencia y poder comienzan a contraatacar las maniobras del infierno.

La adoración humana es el *comienzo del hombre*; la santidad es su *punto de llegada*. A través de nuestra adoración somos transformados de hijos e hijas suyos en sus reyes y sacerdotes (vea Apocalipsis 1:6). Nos convertimos en agentes del ministerio de su Reino asignados a extender ese Reino sobre la tierra.

En ningún lugar se hace más clara esta verdad que en las claves para una oración efectiva que Jesús les dio a sus discípulos en Mateo 6. Sin claves las cosas no funcionan. Usted puede sentarse en su carro tanto tiempo como quiera y quejarse de que no se mueve, pero no puede manejar a menos que use la llave (clave). El Señor dice que nos ha dado «las llaves del reino» (Mateo 16:19).

Jesús nos enseñó a orar utilizando primero la llave de nuestro restaurado *acceso* a través de la relación con Dios —«Nuestro Padre celestial»— seguida por nuestra adoración de él: «Santificado sea tu nombre» (Mateo 6:9). Entonces su oración extiende la invitación de su presencia y dominio: «Venga tu Reino. Hágase tu voluntad en la tierra como en el cielo» (v. 10). Cuando oramos de la manera en que Jesús enseñó a sus discípulos, alcanzamos primero, con nuestra adoración, el ámbito de lo invisible, y entonces, sobre la base de esa adoración, dar la bienvenida a la entrada de su autoridad, gobierno y poder divinos a este mundo.

EL PODER RESTAURADOR DE LA ADORACIÓN

Mucha gente preciosa irá al cielo amada integralmente por Dios, sin haber aprendido a ejercer el poder de la adoración. La gracia salvadora de Dios no se dispensa de acuerdo con nuestra adoración; eso se obtuvo en el Calvario. Su poder y gloria, sin embargo, se dispensan en proporción a nuestra adoración, capacitándonos para el establecimiento de su Reino sobre la tierra.

Aunque en la cruz se expían nuestros pecados, los seres humanos quedamos en verdad restaurados en nosotros mismos solo cuando adoramos a Dios y cuando, traídos al compañerismo con los demás, le hacemos frente a nuestro miedo y orgullo. Entonces, a través de nuestra adoración, encontramos la manifestación del poder y el propósito divino en nuestras vidas. El poder de nuestra adoración no solo abre el camino para la restauración del gobierno del reino sobre la tierra; también restaura la santidad del Rey en nuestras vidas, como se ilustra en Isaías 6:1-8.

Durante una época de crisis nacional a continuación de la muerte de Uzías, rey de Judá, Isaías buscaba al Señor. Una visión lo transportó a la presencia de Dios y vio la gloria del *shequiná* (descrita aquí como «humo») y a seres angélicos que rodeaban el trono de Dios:

El año de la muerte del rey Uzías vi al SEÑOR excelso y sublime, sentado en un trono; las orlas de su manto llenaban el templo. Por encima de él había serafines, cada uno de los cuales tenía seis alas: con dos de ellas se cubrían el rostro, con dos se cubrían los pies, y con dos volaban. Y se decían el uno al otro:

«Santo, santo, santo es el
SEÑOR Todopoderoso;
toda la tierra está llena de su gloria».

Al sonido de sus voces, se estremecieron los umbrales de las puertas y el templo se llenó de humo.

Isaías 6:1-4

Aunque Isaías amaba al Señor y era un hombre que llamaríamos piadoso, su respuesta a la inefable santidad y la gloria del trono de Dios le trajo una horrible sensación de su propia indignidad y su fracaso:

Entonces grité:
«¡Ay de mí, que estoy perdido! Soy un hombre de labios im-

puros y vivo en medio de un pueblo de labios blasfemos, ¡y no obstante mis ojos han visito al Rey, el SEÑOR Todopoderoso!».

v. 5

La palabra «digno» era *axios* en griego, y solía referirse a una moneda de metales valiosos que valía lo que pesaba, justo como hace años en Estados Unidos, una pieza de veinte dólares de oro habría contenido un equivalente de veinte dólares de oro. En el mundo antiguo, cuando el proceso de acuñación de monedas comenzaba, estas contendrían estaño y perderían algo de su valor real. Estas pesarían menos y por lo tanto valdrían menos. Para nosotros la palabra *sin valor* implica que no vale nada, pero de hecho significa que vale menos.

Esto es lo que Isaías dice que siente sobre sí mismo, Ya hemos visto la añoranza que todo ser humano tiene por el *peso* de la gloria de Dios —su *cabod*— en nuestras vidas. Isaías siente que su vida ha perdido algo de su valor. Quiere hacer lo correcto pero, enfrentado a la asombrosa santidad de Dios, se siente indigno.

A menudo nos sentimos «incompletos» al igual que Isaías. No parece que somos capaces de poner orden en nuestras vidas; nos sentimos indignos e impíos. Lo mismo que, tras años de manipulación y uso, el rostro se puede borrar de una moneda, de manera que vienen tiempos cuando la imagen del Dios Viviente en nuestras vidas y la integridad de nuestro carácter parecen haberse desgastado. Puede que hayamos perdido nuestra sensibilidad por la voluntad de Dios; puede que sintamos que nos hemos convertido en una moneda de cambio demasiado pequeña. Ante esto, nuestro amante Padre Dios nos llama a entrar en su presencia a fin de que pueda tener lugar una transferencia de su ser y naturaleza a la nuestra. Dios desea acuñar de nuevo y restaurar el valor de nuestras vidas derramando su valía en nosotros.

A través de la adoración, el valor que se ha desgastado en nuestras vidas puede restaurarse.

EL FUEGO PURIFICADOR DE LA ADORACIÓN

Nuestra conciencia de nuestro pecado y nuestro fracaso ante el Señor no ocurre para que seamos condenados, sino para que seamos restaurados. Aun Isaías, que amaba y servía a Dios con fidelidad, se sintió abrumado cuando se vio frente a una visión de la gloria de Dios. De una manera u otra todos sentimos lo que Isaías sintió. Más adelante Isaías llega tan lejos como para describir todos nuestros actos de justicia como «trapos de inmundicia» (64:6). Esa verdad engendra una natural vacilación al acercarnos al Señor y adorar. Pero el corazón de Dios es tan amable hacia nosotros que, al igual que hizo con Isaías, él desea encontrarse con usted y conmigo en el punto de nuestra necesidad de manera que él pueda purificarnos y restaurarnos.

En la visión que Isaías describía, un ángel enviado por el Señor se le acercó:

En ese momento voló hacia mí uno de los serafines. Traía en la mano una brasa que, con unas tenazas, había tomado del altar. Con ella me tocó los labios y me dijo:
«Mira, esto ha tocado tus labios;
tu maldad ha sido borrada,
y tu pecado, perdonado».

Isaías 6:6-7

Con el santo fuego de Dios, el ángel tocó la parte del cuerpo de Isaías de la que él se sentía impuro, sus labios, no para quemarlo sino para perdonarlo y restaurarlo. Estoy persuadido de que si Isaías hubiera dicho: «Soy un hombre de manos impuras», el ángel habría tomado la braza y tocado sus manos. Su hubiera dicho: «Soy un hombre de mente impura», el ángel habría tocado su mente. El fuego de la braza trajo regeneración al lugar de impureza al que Isaías era más sensible.

De esa forma el fuego de la adoración nos da una imagen de cómo la restauración de Dios obra en nuestras vidas:

- Nos *refina* quemando los residuos de lo que es indigno.
- Nos *consume* extrayendo el cautiverio de nuestras vidas y quemándolo.
- Nos *funde* y nos *calienta* ablandando nuestros corazones y descongelando los fríos.
- Nos *enciende* cuando nos hemos alejado, Dios nos hace regresar.

Cualquiera que sea el punto de nuestra mayor debilidad, el Señor nos invita a venir en adoración a él donde, en medio de su santidad, su santo fuego purificador pueda tocarnos y restaurarnos.

SANTIDAD ES INTEGRIDAD ACTIVADA POR LA ADORACIÓN

En la visión de Isaías los seres angélicos reunidos alrededor del trono están adorando a Dios con estas palabras: «Santo, santo, santo es el Señor de los Ejércitos; ¡toda la tierra está llena de su gloria!» (v. 3).

Cada vez que se nos da un atisbo del salón del trono de Dios, siempre vemos adoración y escuchamos pronunciar las palabras *Santo, santo, santo. La santidad* es ser íntegro a nivel espiritual. Cuando nazco de nuevo, me llaman una persona santa: Me hacen íntegro delante de Dios. En su esencia, la santidad es la integridad de Dios que entra en mi imperfección. La forma en que sucede es cuando venimos ante su presencia con adoración. El Salmo 16:11 dice que en su presencia encontraremos plenitud «de alegría». Venimos a aquel que es santo a fin de que se purguen nuestras deficiencias y fallas y las reemplacen la integridad divina.

Dios llama a las personas a que lo adoren y a «ser santas»: «Sean ustedes santos en todo lo que hagan, como también es santo quien los llamó; pues está escrito: «Sean santos, porque yo soy santo» (1 Pedro 1:15-16; vea también Levítico 11:46; Mateo 5:48).

Por muchos años consideré la santidad un requisito y, como la mayoría de la gente, estaba aterrado. Parecía que Dios decía: «Debes hacer esto porque yo lo hago». Pero he llegado a comprender que de ninguna manera el corazón de Dios está en estas palabras. Así como heredamos ciertas características de nuestros padres biológicos, también, mientras adoramos, la imagen y la naturaleza de nuestro Padre celestial comienza a manifestarse en nuestras vidas.

De mi padre y mi abuelo heredé la calvicie y una nariz más grande de lo común. Pero mi papá nunca se me acercó y me dijo: «Hijo, cuando llegues a los veinticinco años comenzarás a perder pelo». Tampoco me dijo: «Antes de irte a dormir, estírate lo más que puedas y trata de que tu nariz crezca un poco más». Llegué a verme así porque la naturaleza de mi padre está en mí.

De la misma manera, mi Padre celestial dice: «Mi vida y semejanza están en ti; serás santo porque yo soy santo». Llegué a darme cuenta de que su llamado a ser «santo, porque yo soy santo» no es un requisito; es una promesa.

El hecho de que Dios es santo no está relacionado con nuestra vergüenza y condenación sino con nuestra sanidad y restauración. Mientras adoramos, su imagen y naturaleza comienzan a manifestarse en nuestras vidas. Seremos santos porque nuestro Padre es santo. Esto es una promesa.

COMISIONADOS A IR… POR EL PODER DE DIOS

Fue en el lugar de la adoración, después que purificaron y restauraron a Isaías, que Dios le dio una misión: «Entonces oí la voz del SEÑOR que decía: "¿A quién enviaré? Quién irá por nosotros?" Y respondí: "Aquí estoy. ¡Envíame a mí!". Él dijo: "Ve…"» Y (Isaías 6;8-9).

Una vez más un siervo del Señor redimido y restaurado recibe la comisión del poder de Dios de «Ir…» La misión y el propósito de nuestras vidas, nuestro destino como discípulos de Jesús, se inscribe en el contexto de la adoración y su poder para cumplir todo lo que él intenta en cuanto a la restauración y el establecimiento de su gobierno en nosotros.

CAPÍTULO 8

Un lugar para el Rey

El fundamento bíblico de la adoración

Cristo es la piedra viva, rechazada por los seres humanos pero escogida y preciosa ante Dios. Al acercarse a él, también ustedes son como piedras vivas, con las cuales se está edificando una casa espiritual. De este modo llegan a ser un sacerdocio santo, para ofrecer sacrificios espirituales que Dios acepta por medio de Jesucristo.

1 Pedro 2:4-5

El Dios viviente habita donde su pueblo adora, y hay *vida* donde él habita. Por lo tanto, es mi convicción que el flujo de la vida de una congregación eclesial se levantará solo a la altura de su adoración a la Divinidad. No podemos subestimar la importancia de enseñar la Palabra de Dios, pero la propia Palabra revela que el todo de la iglesia es la adoración.

El libro de Efesios dice que aquellos de nosotros que confiamos en Cristo debemos ser «para alabanza de su gloria» (Efesios 1:12), «edificados juntamente para ser morada de Dios por su Espíritu» (2:22). Pedro describe al pueblo de Dios como «piedras vivas, con las cuales se está edificando una casa espiritual. De este modo llegan a ser un sacerdocio santo» (1 Pedro 2:5). Cada miembro del cuerpo es una parte del templo del Señor, llamado a ser una «piedra viva» de su morada.

Dios busca un lugar donde habitar. No conocemos ningún otro lugar del universo excepto la tierra donde Dios no sea alabado o bienvenido. En las palabras del propio Jesús: «Las zorras tienen madrigueras y las aves tienen nidos… pero el Hijo del hombre no tiene donde recostar la cabeza» (Mateo 8:20). Durante su ministerio, Jesús no tuvo una casa. Cuando nació, no había lugar en la posada (vea Lucas 2:7). En cierto sentido, esto es solo una analogía interesante, pero en otro, es una demostración dramática del hecho de que a Dios le fue difícil encontrar un lugar sobre este planeta.

A fin de que el fundamento de nuestra «casa espiritual» esté firmemente establecido, es importante que comprendamos las bases bíblicas de la adoración. Estas se derivan de la saga de la pérdida y recuperación del compañerismo humano con el Dios todopoderoso.

ESCENA 1: LA PÉRDIDA DE AUTORIDAD

Al hombre se le da el dominio del planeta y lo cede.

En Génesis 1:26 vemos que se le da a la humanidad la dominación y el gobierno sobre la tierra: «Y dijo [Dios]: "Hagamos al ser humano a nuestra imagen y semejanza. Que tenga dominio … «en toda la tierra, y en todo animal que se arrastra sobre la tierra"» (RVR 1960).

A Adán le fue delegada autoridad sobre este planeta y todas sus criaturas por el Creador. Se le dieron todas las cosas y se le pidió que obedeciera a Dios en solo una cosa. Al violar esa sola cosa, no solo perdió Adán su relación con Dios, sino también el dominio que se le había dado (vea Génesis 3).

Si eso hubiera sido todo, habría sido malo de todos modos. El hombre vive ahora sobre el planeta sin el derecho de gobernar sobre él, su relación con el Creador se ha cortado y debe ganarse la vida con el sudor de su frente. La pérdida del dominio también significa que ahora tenemos un reino animal en confusión.

Y hay más. Las consecuencias de la desobediencia de Adán son mayores. Cuando Adán violó la confianza que Dios le dio obedeciendo la sugerencias de otro ser, Adán *se sometió a sí mismo a otro poder*. Al hacerlo, transfirió la posesión de este planeta a manos de la serpiente —Satanás— a quien Jesús se refirió como «el príncipe de este mundo» (Juan 12:31). Cuando Satanás le mostró a Jesús «todos los reinos del mundo y su esplendor» y le propuso: «Todo esto te daré si te postras y me adoras» (Mateo 4:8-9), Jesús rechazó los términos, pero no cuestionó el derecho de Satanás de hacer la oferta.

El reino de Dios, llamado a ser administrado por el hombre sobre la tierra, ha sido desplazado del planeta por el reino de las tinieblas. Dios pudo haber recuperado el gobierno, por supuesto, pero su deseo ha sido siempre que la raza humana que él creó debería gobernar el planeta. El dominio se perdió debido a la *decisión* del hombre. Dios, a causa de su insondable naturaleza de amor, le dio a la humanidad la libertad para tomar esa decisión, justo como ahora invita en su bondad a los seres humanos a decidirse a recibir la vida eterna a través de su Hijo, Jesús. A causa de su perfecto amor, Dios no impuso —y no impone— su gobierno.

Así y todo, no todo se ha perdido por la caída de la humanidad en el pecado. Los seres humanos se crean todavía a imagen de Dios. Y todavía tenemos el derecho y la capacidad de tomar nuestras propias decisiones. Dios desea que los seres humanos lo escojan como su Rey, de manera que su reino gobierne y sus bendiciones se manifiesten sobre la tierra a través de ellos (vea Mateo 6:9-10).

Escena 2: El ministerio desde dentro

El Señor comienza el plan de la redención: el sacerdocio Levítico.

En el Antiguo Testamento, Dios se prepara para introducir su Rey, estableciendo el escenario para la redención de la tierra. Comienza con Abraham, a través de cuyos descendientes intenta recobrar el planeta y bendecir todas sus naciones (vea Génesis 17). Pero su pueblo escogido —los hijos de Israel— terminan esclavizados en Egipto. Entonces llama a Moisés, utilizándolo para liberar a Israel, y declara su deseo de hacer de Israel «un reino de sacerdotes y una nación santa» (Éxodo 19:6).

El propósito original de Dios fue que *todos* en Israel serían «sacerdotes». Sin embargo, este plan se frustró cuando la gente se rebeló contra el liderazgo de Moisés al servir de comparsa en la fabricación del becerro de oro. Solo los levitas se mantuvieron junto a Moisés. Como resultado de este incidente clave, el sacerdocio de la nación de Israel quedó restringido a esta única tribu (vea Éxodo 32) (Por cierto, no debemos darle a los levitas demasiado crédito por su lealtad en esta ocasión, pues en gran parte los movió a apoyar a Moisés la filiación tribal.)

En el Nuevo Testamento aprendemos que Jesús desea que todos los que lo llaman su Señor sean sus «sacerdotes» en el ministerio. En un interesante paralelo con la experiencia del Antiguo Testamento, la tradición de la iglesia separa al «sacerdocio» como un grupo selecto. De manera que en lugar de que todo el pueblo de Dios alcance a ministrar el mundo, terminamos con un segmento de la iglesia que la ministra, como los sacerdotes de Israel ministraban solo a Israel.

Pero veamos lo que las Escrituras dicen sobre la iglesia que sirve como agentes ministeriales de Jesucristo; «Al que nos ama y que por su sangre nos ha librado de nuestros pecados, *al que ha hecho de nosotros un reino, sacerdotes* al servicio de Dios su Padre, ¡a él sea la gloria y el poder por los siglos de los siglos! Amén» (Apocalipsis 1:5-6; énfasis añadido).

Algunas personas interpretan que estos versículos quieren decir que reinaremos sobre la tierra cuando Jesús regrese. Pero Juan habla en *tiempo pasado*: El texto dice que: «*nos ha librado*, y sabemos que esto ya ha sucedido. Entonces dice Juan: «Ha hecho de nosotros ... sacerdotes»; otra vez, el tiempo del verbo indica que esto ya ha ocurrido. Somos un reino (que tiene dominio) y sus sacerdotes (que adoran) *ahora*. (Esto no es para eliminar el gobierno del milenio; solo decimos: No tenemos que gobernar *toda* la tierra para gobernar parte de ella.)

ESCENA 3: COMIENZA LA LECCIÓN

El Señor introduce el papel de la adoración.

Cuando el Señor se apareció ante Moisés en la zarza ardiente, le dijo: «Cuando hayas sacado a mi pueblo de Egipto, todos ustedes *me rendirán culto* sobre esta montaña» (Éxodo 3:12; énfasis añadido). La palabra hebrea utilizada aquí para «rendir culto» —*abad*— también significa ser un siervo, o adorar. Al expresar que «rendirían culto a Dios», daba a entender que su pueblo lo adoraría. Tomó solo un día para que Dios entregara los Diez Mandamientos, pero su pueblo permaneció en el Monte Sinaí por más de un año, construyendo el Tabernáculo y recibiendo instrucciones de Dios sobre cómo adorar. Como hemos visto, el plan de Dios para la redención, la recuperación del compañerismo y la reasunción del dominio sobre la naturaleza era que su pueblo estaría compuesto de sacerdotes, y *los sacerdotes dirigen la adoración* .

Los seres humanos nunca serían capaces de recuperar este planeta con sus propias fuerzas. Solo en el contexto de su relación con Dios y el dominio que fluye de su trono iba el poder de Dios a tocar la tierra alguna vez. De aquí su profundo deseo de enseñarles acerca de la adoración.

ESCENA 4: LOS LÍMITES DEL CRECIMIENTO

La adoración se expande bajo la monarquía de David.

El reino de David vio tanto los límites de la adoración como los límites de la expansión territorial de una manera sin precedentes. David amaba adorar y enseñó a su pueblo mucho sobre cómo alabar en alta voz al Señor. Escribió muchos salmos, que a la postre se convirtieron en el manual para la adoración de la iglesia primitiva. Bajo el liderazgo de David, el uso de instrumentos y coros se expandió. Estas cosas no eran nuevas en el culto de Israel, pero comenzaron a ser sistematizadas y estructuradas de una forma que revela el importante lugar que ocupó la adoración en la vida de la nación.

David también construyó un segundo Tabernáculo. Nadie sabe qué ocurrió con el primero; puede que este se haya deshecho durante el reinado de Saúl. Apasionado por ver la presencia de Dios establecida en medio del pueblo, David preparó un lugar para el Tabernáculo en el corazón de la nación. Aunque su deseo era construir un Templo, el Señor hizo eso realidad a través de su hijo Salomón; y, al igual que había hecho con el Tabernáculo, Dios llenó el Templo con su gloria (vea 1 Reyes 8). Sin embargo, por desdicha, a causa de los pecados del pueblo, se destruyó el Templo de Salomón. Y con esa pérdida, Israel entró en los años de cautiverio.

Es importante subrayar que bajo el liderazgo de David, hubo una correlación entre la expansión de las fronteras territoriales de Israel y la expansión de las fronteras de su adoración. Al crecer la adoración, también lo hizo su dominación. Lo mismo sigue siendo verdad para la Iglesia hoy en día: Su dominio se expande en proporción directa a su adoración. De hecho, creo de corazón que la adoración es la clave del evangelismo.

ESCENA 5: LA VICTORIA SOBRE LAS TINIEBLAS

El propio Hijo de Dios viene y «monta su tabernáculo» entre nosotros

Jesucristo compendia y personifica tanto el *Tabernáculo* como el *Templo* donde habita la gloria de Dios: «Y el Verbo se hizo hombre y habitó entre nosotros. Y hemos contemplado su gloria, la gloria que corresponde al Hijo unigénito del Padre, lleno de gracia y de verdad» (Juan 1:14).

La palabra que aquí se traduce como *habitó* es la palabra griega *skenoo*, que si se tradujera literalmente sería «montó su tabernaculó». De manera similar, Jesús se refiere a sí mis-

mo como el templo en Juan 2:19: «Destruyan este templo…
y lo levantaré de nuevo en tres días».

Dondequiera que va Jesús, proclama que el Reino de Dios
está presente porque él, el Rey, está allí. Por vez primera
desde Adán hay un hombre sin pecado sobre el planeta, y
Jesús vence donde Adán falló. Él está aquí para establecer
una nueva clase de seres humanos: «un linaje escogido, real
sacerdocio, nación santa, pueblo que pertenece a Dios, para
que proclamen las obras maravillosas de aquel que los llamó
de las tinieblas a su luz admirable» (1 Pedro 2:9). Esta es la
gente que Dios utilizará para reclamar el planeta, y la forma
en que lo harán es *a través de su adoración* .

Por la misma razón que destruyeron el Templo de Salomón, así destruyen en la cruz a Jesús, el Templo viviente de la
gloria de Dios: debido a los pecados del pueblo. Pero la Biblia
nos dice que si Satanás no hubiera tenido ningún indicio del
plan de Dios, nunca habría querido ver el acontecimiento de
la crucifixión:

> Más bien, exponemos el misterio de la sabiduría de Dios,
> una sabiduría que ha estado escondida y que Dios había des-
> tinado para nuestra gloria desde la eternidad. Ninguno de
> los gobernantes de este mundo la entendió, porque de ha-
> berla entendido no habrían crucificado al Señor de la gloria.
>
> 1 Corintios 2:7-8

En la cruz, donde Satanás pensó que había logrado de
nuevo extender sus «principados y potestades», la Biblia
dice que lo desarmó Jesús quien triunfó sobre ellos, humi-
llando «en público» su reino de las tinieblas (vea Colosenses
2:15).

No solo Jesús obtuvo una victoria sobre la muerte sobre la
cruz, sino mediante el poder de su resurrección, se convier-

te en la semilla que, habiendo caído sobre la tierra y muerto, entonces comienza a llevar fruto. Por todo el planeta, él engendra personas que reciben el poder de la vida divina y comienzan a revivir con posibilidades de dominio, trayendo el gobierno, el poder y la presencia de Dios a toda la tierra. Ya el hombre no tiene que trabajar en el poder de su carne; ahora el poder del reino de Dios «está cerca» (Marcos 1:15).

ESCENA 6: MORADA DIVINA

Jesús prepara a la iglesia para que sea un templo de piedras vivas.

El Señor está ahora listo para hacer de su pueblo una morada para su presencia. Jesús ha preparado la iglesia para que sea un templo construido de «piedras vivas». ¡Eso somos usted y yo! Cuando nos reunimos, nos convertimos en un lugar para que Dios more y para que el dominio de su reino se establezca; el Rey entonces «se eleva al trono» en nuestras alabanzas (Salmo 22:3). Cuando adoramos, vendrá Dios y morará con nosotros, con todo el peso de su gloria, su gobierno y su dominio.

En esta atmósfera, donde la adoración conduce a la presencia de Dios, tienen lugar cuatro cosas importantes. Primero, la Palabra se *encarna* en las personas; se convierte en vida, no solo en un ejercicio intelectual. Segundo, se *sanan* las personas en la constante presencia de Dios. Tercero, llegan a *conocer al Señor* mientras se establece su Reino. Y, por último, *se desplazan por fuera* de los límites del dominio del infierno.

Cuando nos reunimos en un servicio de adoración, el pueblo de Dios se levanta como una habitación para su presencia, como las «piedras vivas» de su templo. A través de nuestra adoración, se hace posible una íntima y vibrante relación con el Dios viviente: se restaura su encomienda de que seamos su «sacerdocio real»; nos convertimos en agentes del ministerio de su vida resucitada hacia el mundo; y se nos capacita para movernos en el domino que se expande y en el régimen que él pretendió para la humanidad desde el principio.

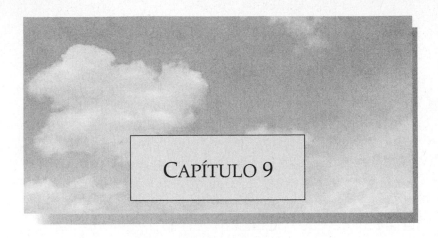

CAPÍTULO 9

La adoración que posee la tierra

La promesa de adoración

> Allí el SEÑOR se le apareció a Abram y le dijo: «Yo le daré esta tierra a tu descendencia». Entonces Abram erigió un altar al SEÑOR,porque se le había aparecido.
>
> Génesis 12:7

Dios le dio a Abraham[1] una promesa de importancia y grandeza, que él haría algo con la vida de Abraham que le llevaría a un destino determinado:

Deja tu tierra…
y vete a la tierra que te mostraré.
Haré de ti una nación…
y te bendeciré;
haré tu nombre famoso;

y serás una bendición.
Bendeciré a los que te bendigan
y maldeciré a los que te maldigan;
¡por medio de ti serán bendecidas
todas las naciones de la tierra!.

No sorprende que Dios haga la misma promesa de importancia y destino a usted y a mí pues en Romanos 4 la Biblia dice que aquellos que están en Cristo son hijos espirituales de Abraham, al que a menudo se alude como «el padre de la fe».

Como hizo con Abraham, el Señor nos llama a salir y seguirle; promete ir transformando nuestras vidas en lo que se propone que seamos, a la imagen y semejanza de sí mismo; desea llenarnos con la plenitud de sus bendiciones para que podamos convertirnos en una luz en las tinieblas para otros; y busca nuestra devoción y compromiso para adentrarnos en una relación de compañerismo con él a fin de cumplir su plan de redención de nuestro mundo.

Él realizó todo esto *encontrándose primero con nosotros donde adoramos.*

La construcción de altares por Abraham antes de la edificación del Tabernáculo, aun después de que se completara el Tabernáculo en el Sinaí, se debe a que los altares eran parte importante del culto de Israel. De hecho, los que adoraban encontraban un altar de bronce antes que pudieran acercarse al Tabernáculo.

La Biblia dice que Abraham era un hombre que se movía sobre la base de sus encuentros personales con Dios, y que edificaba un altar en cada sitio de esos encuentros como un monumento a algo que el Señor se refería o hacía en su vida. Para Abraham, la edificación de altares confirmaba las promesas que Dios le hacía; se convertían en hitos de su vida y andar con Dios, testigos de encuentros llenos de adoración con el poder y la presencia del Señor Santísimo.

EL DISEÑO PARA LA EDIFICACIÓN DE ALTARES

La presencia de Dios es bienvenida donde su pueblo adora, que asiste en respuesta proporcional a la pasión de nuestra hambre y sed por él (Mateo 5:6). Dondequiera que las personas se reúnen para adorar juntas a Jesucristo «en espíritu y en verdad», tiene lugar un sentido vital de expectación, de fe y ministerio. Se eleva la esperanza, abunda el gozo, fluyen lágrimas de gratitud y arrepentimiento, se conmueven los corazones y la humildad se descongela. Se derrama la gracia y el amor divino.

Pero la dinámica experimentada por las personas en la iglesia no se desata debido a la personalidad o la rápida ingeniosidad del liderazgo. No llega a causa del bello cristal teñido de las ventanas, ni los relucientes bancos de madera o aun la lograda técnica de los músicos del coro.

La dinámica que encontramos es una manifestación de la gloria del Señor que responde a nuestra apasionada y sentida adoración de él. Es nuestra adoración la que da la bienvenida a la presencia del Señor, y lo mismo que puede ocurrir en un servicio eclesial puede suceder en nuestros hogares, en los lugares donde habitamos. Como Abraham, podemos edificar un sitio de íntimo encuentro personal con el Señor dondequiera que estemos. Usted y yo podemos edificar una casa de adoración donde vivimos.

De hecho, el Señor promete en su Palabra que, un día, su gloria descansará sobre «toda habitación» en el Monte Sinaí, la Jerusalén celestial de Apocalipsis, así como ocurrió sobre el Tabernáculo de Israel. El profeta Isaías escribe:

Entonces el SEÑOR creará una nube de humo durante el día y un resplandor de fuego humeante durante la noche, sobre el monte Sión y sobre los que allí se reúnan. Por sobre toda la gloria habrá un toldo que servirá de cobertizo, para dar sombra contra el calor del día, y de refugio y protección contra la lluvia y la tormenta.

Isaías 4:5-6

El día vendrá cuando lo que ocurrió sobre la adoración colectiva de Israel ocurrirá sobre cada *hogar* de los redimidos. Las personas recibirán la prueba de la gloria de Dios en la bendición de su refugio (la nube durante el día), así como la seguridad de la protección divina (el resplandor de fuego por la noche). En ese escenario, Dios pondrá su gloria sobre cada habitación, y hará de ella un lugar de refugio y protección.

Al observar el ejemplo sentado por nuestro «padre en la fe», Abraham, podemos concebir nuestro propio «diseño» para la edificación de altares para la adoración que den la bienvenida a las promesas y la presencia de Dios en nuestras vidas.

CONSTRUYA UN ALTAR DONDEQUIERA QUE ESTÉ

En respuesta a la voz del Señor, Abraham peregrinó a la tierra de los cananeos, sin duda una de las más viciosas y corruptas culturas de la historia. El culto cananeo sacrificios de niños y prostitución sagrada, y a la hora debida, el Señor traspasaría su tierra a los israelitas y los comisionaría para que aniquilaran su pueblo.

Es aquí, en medio de una sociedad de grotesca malevolencia y culto inmoral que Dios le dijo a Abraham: «Yo daré esta tierra a tus descendientes» (Génesis 12:7). Una cultura pagana devota de la carnalidad y el culto a Satanás regía en la «tierra prometida» a Abraham. Solo podemos imaginarnos lo que pasaría por nuestras mentes de encontrarnos en esta situación: *¿Llamas esto un lugar donde se supone que críe una familia y sea bendito?* Pero Abraham era un hombre de *fe,* aunque estaba situado en medio de todo lo que parecía todo lo opuesto a una promesa, reconoció al Señor y edificó un altar.

Dios se propone que algo en nosotros sea tanto «convertido en altar» (esto es, *humillado* delante de él), como «alterado» (esto es, *transformado*)cuando nos encontramos con él en la adoración. Todos hemos sentido en un momento u otro un anticipación de una promesa que Dios ha puesto en nuestros corazones y que encontramos rubricada en su Palabra. Pero a menudo la manera en que esa promesa se cumple puede ser muy diferente a la manera que imaginamos se cumpliría.

Confiando en que Dios era capaz de transformar la situación, Abraham decidió aceptar su promesa y hacer del sitio donde se le había enviado un lugar de adoración del Señor en lugar de criticarlo y decidir que sería mejor seguir adelante. Antes que intentar cambiar por sí mismo una situación difícil, Abraham *adoró* y le *dio la bienvenida* en ella al Señor.

De seguro que hay cosas que a cada uno de nosotros nos gustaría ver cambiadas en nosotros mismos, en nuestras familias, en nuestros lugares de trabajo o en la sociedad en que vivimos. En el mundo actual, la corrupción está en la práctica sobre el altar de los negocios y las industrias del entretenimiento. Se enseñan como aceptables los estilos de vida inmorales en nuestras escuelas. El enemigo busca purgar toda referencia a Dios de la vida nacional americana. En medio de cosas que ponen rejas a nuestra alma y amenazan nuestra paz, el Señor dice, en efecto: «¿Por qué no levanta usted un altar en lugar de   preocuparse con los problemas? Su adoración se convertirá en una avanzada de la justicia en medio de un mundo perverso y torcido».

CONSTRUYA UN NUEVO ALTAR DONDEQUIERA QUE SE MUDE

Después que había pasado un largo tiempo, Abraham se fue a la montaña entre Betel y Hai donde armó su tienda y construyó otro altar (vea Génesis 12:8). Por primera vez, dice la Escritura, «invocó el nombre del Señor». Es significativo que la palabra hebrea *sem*, traducida aquí como «nombre», también abarque el concepto del *carácter* de Dios.

Al invocar el carácter de Dios, las oraciones de Abraham entraron en una nueva dimensión de intimidad con el Todopoderoso. En tiempos de Abraham, Dios solo comenzaba a reelaborar su comunicación con la humanidad caída. Abraham respondió al llamado de Dios porque creyó que allí, en medio de la cultura que lo rodeaba, estaba un Dios verdadero y viviente. Sintió que Dios atraía su corazón a una promesa de algo que no podía estar dentro de sí mismo, y en cada nuevo sitio de adoración que encontraba, Abraham invocaba el carácter del Señor.

Con referencia a lo mismo, es importante que consagremos una nueva casa al Señor con adoración y alabanzas antes de mudarnos. No tenemos manera de saber qué ocurrió allí antes de llegar nosotros. Aun si es una casa o apartamento que nunca haya estado habitado, no tenemos idea de lo que ocurría mientras lo construían. Dondequiera que se mude, edifique un altar al Señor, y asuma su derecho de posesión de la propiedad.

Poco después que llegué a pastorear la Iglesia de Sobre el Camino, nuestra familia se mudó a una casa que antes había estado habitada por cristianos. En ese momento no sabíamos lo que ahora sabemos y quizá estábamos sumidos en un falso sentido de seguridad por el hecho de que los anteriores dueños habían sido cristianos. Tras unas cinco semanas de vivir allí, mi esposa, Anna, y yo estábamos en medio de una noche con un niño enfermo cuando de repente se me ocurrió de que algún miembro de nuestra familia había estado enfermo desde que nos mudamos allí. Cuando pensaba sobre ello, de pronto me vino a la mente que los dueños anteriores nos habían contado que cuando su hijo regresó de Vietnam, había estado consumiendo drogas, y que habían tenido toda una serie de problemas con él y sus amigos drogadictos. Aunque eran como las tres en punto de la mañana, nos levantamos y recorrimos la casa, habitación por habitación, pidiéndole al Señor que nos mostrara cómo orar en cada habitación. Después de eso, la enfermedad quedó liquidada en nuestra familia.

Edificar un nuevo altar de adoración para el Señor dondequiera que nos mudemos santificará nuestra nueva habitación y extenderá una limpia «alfombra de bienvenida» espiritual para las bendiciones y la protección divina.

RENUEVE EL ALTAR

Al volver de Egipto, Abraham regresó a Betel y renovó el altar que había edificado allí (vea Génesis 13:3-4). Repitió el proceso y reestableció el culto en su casa. Abraham no estaba interesado en repeticiones o ritualismos. Su verdadera adoración invitó a un *reavivamiento* de la presencia de Dios.

En ocasiones, es saludable que renovemos los compromisos que hemos hecho con el Señor, sobre todo en lo relacionado con nuestras familias. Recuerdo una ocasión particular cuando el Señor me despertó en medio de la noche y me impulsó a orar por cada uno de mis hijos. Anna y yo no teníamos problemas con nuestros hijos; solo era que había algo que necesitaba reavivarse en cada uno de ellos. Durante las siguientes 48 horas, en respuesta directa a cosas específicas sobre las que había orado por cada uno de ellos, el Señor los tocó de una manera muy natural y obró un reavivamiento en nuestra familia. Recibe un reavivamiento una familia en la que las personas alaban y adoran al Señor, declarando: «Hay lugar para Dios en nuestro casa».

RECORRE EL PAÍS

En el cuarto encuentro durante el recorrido de Abraham, el Señor le mostró un lugar, le hizo una promesa y le dijo que llevara a cabo una acción profética: «recorre el país». Abraham respondió construyendo otro altar ante el cual adorar a Dios. Dios le dijo:

> «Después de que Lot se separó de Abram, el SEÑOR le dijo: «Abram, levanta la vista desde el lugar donde estás, y mira hacia el norte y hacia el sur, hacia el este y hacia el oeste. Yo te daré a ti y a tu descendencia, para siempre, toda la tierra que abarca tu mirada. Multiplicaré tu descendencia como el polvo de la tierra. Si alguien puede contar el polvo de la tierra, también podrá contar tus descendientes. ¡Ve y recorre el país a lo largo y a lo ancho, porque a ti te lo daré». Entonces Abram … erigió allí un altar al Señor.
>
> Génesis 13:14-18

¿Por qué le diría Dios a Abraham: «recorre el país» si a la vez le dijo que iba a dárselo de todas maneras? Dios no desperdiciaba palabras ni jugaba. Conducía a Abraham de nociones etéreas e intangibles a convicciones sólidas, asentadas en la fe. Erigir altares de manera ineludible vincula la idea de la *promesa* de Dios a la *acción profética* acción tomadas en el ámbito físico y visible debido a algo que creemos sobre el ámbito espiritual e invisible. Tales acciones conducen más allá de la *idea* de la promesa de Dios a la *convicción* de que su promesa está en acción... *ahora*.

El altar que Abraham erigió representa un rumbo en su vida que lo llevó a dar otro paso adelante hacia la posesión de su destino. Dada una promesa de posesión futura, Abraham actuó *entonces* como el poseedor y erigió un altar para conmemorar el hecho.

Tenemos todo el derecho, según la victoria ganada por nuestro Salvador Jesucristo, quien nos confirmó la promesa de Dios, de recorrer el país donde vivimos y, en adoración, reestablecer las fronteras: declarar que nuestro país (dondequiera que estemos y dondequiera que vayamos) está bajo el dominio y las bendiciones de Dios y su Reino.

Hay hoy un sitio real en la vida del creyente contemporáneo lleno del Espíritu para redescubrir la ineludible necesidad de altares. Los altares son umbrales —fundamentos de una puerta— para la entrada del poder del cielo y la gracia de Dios a fin de que se derrame en nuestras vidas y nuestro mundo. Dios nos encuentra adonde —y dondequiera— lo adoremos. Los altares marcan esos lugares como hitos de nuestro recorrido con él y la acción profética que da la bienvenida a su promesa. El Señor fue capaz de cumplir su promesa a Abraham porque Abraham hizo de la adoración el centro de su vida.

Su promesa para usted y para mí no es inferior.

1.   El nombre Abram, que significa «Padre Enaltecido», se cambia a Abraham («Padre de una Multitud») en Génesis 17:5.

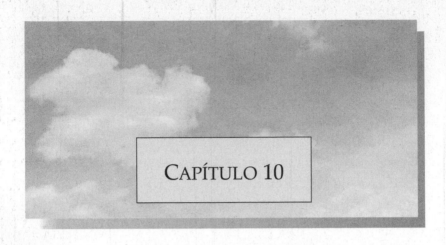

CAPÍTULO 10

A voz en cuello

El cántico de adoración

Y los levitas … se pusieron de pie para alabar al SEÑOR a voz en cuello.

2 Crónicas 20:19

Nada es más básico para nuestras prácticas de adoración que el cántico, pero quizá no haya nada más dinámico para ellas tampoco. Aparte de la Palabra de Dios en sí misma, cantar constituye más que una parte esencial de nuestras reuniones: es la más importante.

Los Salmos representan esto, al indicar con su propia existencia la enorme prioridad que Dios otorga al «cántico» como un ejercicio de adoración de su pueblo. He tenido personas que a menudo han formulado la pregunta: «Pastor Jack, usted habla sobre muchas prácticas de adoración: cantar, alabar, expresiones físicas, etc. ¿Dónde encuentra usted esto en las orientaciones para la Iglesia del Nuevo Testamento? Por supuesto, la respuesta son los Salmos, que abundan en orientaciones, mandatos, y pruebas bíblicas para la práctica de adorar a Dios. Aun si no hubiera ninguna referencia del Nuevo Testamento sobre los detalles del orden divino en nuestra prosecución de la adoración, en los Salmos tendríamos todo lo que necesitamos para contestar la pregunta. *¡El libro de los Salmos era la guía para la adoración de los primeros creyentes del Nuevo Testamento! No obstante, el Nuevo Testamento contiene más de quince referencias al cántico y al cantar, de manera que no hay duda sobre su lugar en la iglesia de hoy en día.*

El Señor le ha dado a su iglesia el cántico no solo como un poderoso medio para exaltar su nombre, sino que de ese modo podamos extender una bienvenida a la entrada de su poder soberano en muestro medio. Sin subvalorar el concepto de la disposición de Dios de manifestarse a sí mismo a su pueblo, o insinuar que su fuerza depende de nuestros cánticos, no es exagerado sugerir que los cánticos de adoración son una «canción que declara el amor» de la Novia por el Novio celestial. En respuesta, él se levanta con fuerza y vigor para moverse en medio de su pueblo.

Ya sea que nos reunamos por miles, o estemos solos en nuestros hogares, nuestros cánticos se convierten en nuestra tarjeta de presentación que anuncia: «Ven aquí, Señor, mientras te buscamos con nuestra alabanza». La respuesta divina es segura, como su propia Palabra dice él «busca» gente que le adore en Espíritu y en Verdad (vea Juan 4). De manera que a veces decimos: «El cántico introduce el gobierno del Reino de Dios y el dominio de su poder», no que este genere ese poder, no que nuestras acciones determinen su respuesta. Más bien, se convierte en un principio aprendido, pues este Dios que nos busca encuentra los corazones que adoran de manera abierta y genuina, llenos de cánticos. Descubrimos de experiencias que se repiten que él *sí* se manifiesta a sí mismo entre la gente que adora de todo corazón con «salmos y canciones espirituales», que canta y alaba «al Señor con todo el corazón» (vea Efesios 5:19). Puestos a prueba en la experiencia de nuestras vidas cotidianas, los cánticos se convierten en poderosos medios de sostén, triunfo y continuo crecimiento en el Señor.

EL DON DE LA CANCIÓN

Los seres humanos se distinguen de todas las demás criaturas por los dones de acometer por sí mismos el lenguaje y el cántico solo concedidos a nosotros. Por una capacidad creadora, nuestras lenguas son capaces de hablar y cantar; ninguna otra criatura puede hacer eso. Pudiéramos hablar del canto de los pájaros, pero con lo precioso ello sea, el canto de los pájaros no está generado con consciencia, y por lo tanto no es un *cántico* como el que discutimos. Solo la humanidad crea nuevas canciones y las une a una lírica creada en plena consciencia que expresa más que una mera respuesta animal o una dote humana.

David se refiere en tres de los salmos a su capacidad de expresión e improvisación, al igual que a su lenguaje, como su «gloria» (Salmo 16:9 [«entrañas», NVI); 30:12; 57:8). La palabra *gloria* significa en esencia «lo que despunta más allá». El hombre despunta más allá de toda otra criatura por nuestra capacidad para el canto.

Las recomendaciones en los cánticos del Señor durante el reinado de David liberaron el poder de Dios pusieron de manifiesto la victoria divina. Esa misma victoria se propone para el pueblo de Dios hoy en día: De tal manera el cántico se convierte, para muchos incluyéndome a mí, en una de las más reconocibles «llaves del Reino de Dios» con las cuales Jesús dota a su iglesia (vea Mateo 16:19). Como las llaves encienden o proveen acceso, el cántico enciende los corazones y accede a posibilidades en la alabanza que experimenta y da la bienvenida a la dispensación de la vida y el poder de Jesús entre su pueblo.

Miremos a 1 Crónicas 25:1-8 como un ejemplo de la forma en que se priorizó el canto bajo el liderazgo del rey David. Note el versículo 1: «Para el ministerio de la música, David y los comandantes del ejército apartaron a los hijos de Asaf, Hemán y Jedutún, los cuales profetizaban acompañándose de arpas, liras y címbalos».

David estableció un nuevo sitio en la vida de Israel para el uso del canto y su permanente valoración en la adoración. Creó compañías de cantores cuya labor era alabar al Señor, y el Espíritu Santo bendijo ese arreglo. David sabía de su propia experiencia que el canto de adoración podría ser «ungido». Buscó medios para que otros se expresaran en la adoración, y ellos, también, se adentraran en la arena de experimentar un «ungimiento» a través de adorar en el canto.

La Biblia relata que el Espíritu Santo vino sobre estos músicos y cantores, y ellos profetizaban. En algunos casos parece haber ocurrido de forma espontánea durante la adoración (vea el v. 3), mientras en otros profetizaban «bajo las órdenes del rey» (v. 2). Toda una familia de músicos trabajaban bajo la dirección de su padre «en el culto del templo del Señor » (vea el v. 6). A todos los músicos y cantores se les instruía en el cántico del Señor bajo la autoridad del rey (vea el v. 7). Esta narración parece indicar casi si duda que David no instituyó la música como una práctica en esencia artística o estética. La vio como un ministerio musical profético, al sentir él mismo hambre de la presencia de Dios entre su pueblo, y al reconocer que Dios quería visitar su pueblo, manifestar su Espíritu entre ellos y moverse de forma personal y poderosa entre ellos mientras lo adoraban en el cántico.

Como rey y líder gobernante, así como salmista y adorador, David comprendía bien el poder de la adoración. Y como vimos en el capítulo 8, había una relación directa entre el compromiso de adoración de Israel y la expansión de sus fronteras territoriales bajo su liderazgo.

De forma paralela a esto, entonces, hay que ver que el canto se encauza de manera similar en la Iglesia primitiva: entretejido en la tela de su rápida expansión. El discernimiento espiritual y el crecimiento espiritual se incrementaban a través del canto de adoración. En Éfeso, se conduce como una parte de la abierta recepción de la sabiduría de Dios (para discernir su voluntad), y para mantener una continua y balanceada plenitud del Espíritu Santo:

Así que tengan cuidado de su manera de vivir. No vivan como necios sino como sabios … no sean insensatos, sino entiendan cuál es la voluntad del Señor … sean llenos del Espíritu. Anímense unos a otros con salmos, himnos y canciones espirituales. Canten y alaben al Señor con el corazón.

Efesios 5:15, 17-19

En Colosas, el canto de adoración está de forma directa relacionado con un creyente que se abre e integra a la Palabra viva de Dios en vida y para ganancia espiritual: «Que hable en ustedes la palabra de Cristo con toda su riqueza: instrúyanse y aconséjense unos a otros con toda sabiduría; canten salmos, himnos y canciones espirituales a Dios, con gratitud de corazón» (Colosenses 3:16).

A menudo me he preguntado si la diferencia entre el mero aprendizaje rutinario de la Palabra de Dios aparte de una atmósfera de adoración, y una completa integración de un cántico devoto con la enseñanza de la Escritura puede afectar la manera en que el creyente «digiere y asimila» el pan, la carne y la leche de la Palabra para el crecimiento y la salud en Cristo. Esto es, de la misma forma que los jugos gástricos en el tracto del cuerpo humano convierten la comida en energía, así una sana mezcla de cántico, alabanza y adoración es esencial para desarrollar a una persona. Estas se convierten no en meras «expertas» legales y literales de la Palabra, sino en cantoras de alabanzas que adoran sumisas, y cuyos cánticos «disgregan» el contenido espiritual de la Palabra de Dios y fluyen dentro del corazón, la mente, el alma y la vida.

Estas son vías en que parece que el habitar de la presencia de Dios y el dominio de su vida y poder se realizan y derraman en cánticos llenos de adoración.

CANTE CON INTELIGENCIA

Es importante reconocer que el cantar no es un simple hábito adquirido en la vida de la iglesia. El Salmo 47:6-7 (RVR 1960) es explícito en cuanto a esto: «Cantad a Dios, cantad; porque Dios es el rey de toda la tierra; cantad con inteligencia». Es un llamado dirigido por Dios, y si se obedece rinde los frutos decretados por Dios. Es por eso que he perseguido la meta de enseñarle a la gente los principios relativos al poder del canto, buscando superar cualquier noción de que tanto (1) el cántico es solo «algo que hacemos en la iglesia» o (2) que el cántico es un motivo opcional de participación. La verdad que se enseña sobre el cántico en nuestra adoración, así como en nuestras vidas privadas, mueve a los creyentes a cantar, y a cantar «con inteligencia».

En por lo menos 41 salmos se nos dice que cantemos alabanzas a Dios, y en algunos, el requerimiento se repite al menos tres o cuatro veces. Se ordena cantar; no tiene nada que ver con que si una persona tiene deseos de cantar o le guste cantar. Es un hecho que multitud de creyentes son reticentes a la hora de cantar en la iglesia, al temer que sus habilidades no son suficientes. Pero urjo a las personas a hacerlo, diciendo: «Dios no auspicia un concurso de talentos». No lo está acicalando para busque la fama del «ídolo americano». Él quiere echar abajo los ídolos del orgullo que pueden haber encontrado un lugar en su comedimiento. Todas las evidencias de la Escritura apuntan a que el Señor desea extraer un libre flujo de cantos de adoración de los labios de cada individuo de su pueblo; escucharnos cantar con energía, no importa la calidad de nuestras voces. Nuestro sentido de incompetencia, moldeado por el mundo, nos hace trazar comparaciones con cantantes más dotados, pero en lo que toca al Señor, hay una belleza particular en todo lo que él ha creado. No hay un sonido desprovisto de significado para él (vea 1 Corintios 14:10).

Las personas que cantan alabanzas sin avergonzarse ven que la gloria de Dios comienza a brotar de sus voces. Si usted se ha refrenado en esta área, pida al Espíritu Santo que haga de usted un cantante ungido de devota alabanza (¡aun si usted nunca ha sido designado como solista!).

EL PODER DEL CANTO APLICADO

Al vincular este cuerpo de referencias bíblicas al «canto», quiero invitarlo a abrir su corazón de una manera personal y práctica a la *aplicación* del poder de la canción como se abrió a mi propio entendimiento en Isaías 54:1-5.

La verdad de este pasaje se me confirmó de manera profunda después de una experiencia que me llevó a cantar y gritar alabanzas en el santuario de nuestra iglesia. Me emocionaba con un sentido de dinámica intercesora, como un medio de penetrar en una situación que manos humanas no podían alterar, y cediendo el lugar a cánticos «en el espíritu y con la inteligencia» para hacer mi intercesión. Sabía que se trataba de algo que se suponía hiciera, pero no fue hasta unos años después que descubrí un principio de cambio radical: el poder de la canción para abatir la opresión y la esterilidad. Lea conmigo:

«Tú, mujer estéril que nunca has dado a luz, ¡grita de alegría!
Tú, que nunca tuviste dolores de parto,
¡prorrumpe en canciones y grita con júbilo!
Porque más hijos que la casada
tendrá la desamparada», dice el SEÑOR

Este pasaje de la Escritura es la orientación para una mujer estéril; el mandato a cantar enfrenta de forma directa el problema de la esterilidad. Primero déjeme discutir esto en lo cultural, como se veía en los días de Isaías, y entonces en lo personal, como se manifiesta de diferentes maneras en cada uno de nosotros. Entonces descubriremos cómo se dispensa el poder en nuestras situaciones cuando comprendemos el principio que está detrás de alzar nuestras voces en una canción devota.

Es importante comprender que en la cultura del antiguo Israel se consideraba que una mujer estéril no tenía valor. ¡Esa era una valoración en extremo descorazonadora! Claro, este no era el punto de vista del Señor, pero era el de la sociedad, y llegaba tan lejos que el esposo de una mujer casada que no podía concebir podía divorciarse de ella. Por lo menos la hacían sentirse inútil y rechazada. Su situación era desesperada. Esta era una de las manifestaciones más groseras de chovinismo que se puede imaginar.

Dentro de esta situación de futilidad y desesperanza el Señor habla. Pero lo que dice parece excepcional. Le dice a una mujer que enfrenta humillación y rechazo: «¡Comienza a cantar!». Y entonces hace una promesa: Dice que su esterilidad no será un impedimento para ella sino que tendrá hijos. De hecho, dice: «Porque más hijos que la casada tendrá la desamparada».

Una vez que está cantando y tiene la promesa divina para sostenerse, se exhorta a la mujer estéril a comenzar a prepararse haciendo espacio: «Ensancha el espacio de tu carpa, y despliega las cortinas de tu morada» (v. 2).

Está claro que el Señor dice que viene un bebé y, de hecho, pues «a derecha e izquierda te extenderás» (v. 3), está claro que hay más de un bebé en camino. Y para culminar, habla sobre lo fructífera que será esa descendencia.

El problema de la esterilidad no se reduce a las mujeres incapaces de tener hijos, aunque su experiencia es en extremo dolorosa. Por momentos todos experimentamos esterilidad en la vida, cuando nada parece propicio en la vida y la vida se parece a un mal parto. Quizá hay personas que usted anhela ver salvas, pero que están tan esclavizadas por algún vicio o desesperanza que se pregunta cómo puede lograrse esto. Quizá se ha preguntado cómo puede realizarse. Quizá tiene usted aspiraciones o sueños que anhela ver cumplidos, y se pregunta por qué estas cosas nunca han ocurrido. La esterilidad es algo que nos confronta a todos y nos aflige a todos de diferentes maneras.

Pero recuerde la palabra de Dios en la Escritura para la mujer estéril: Una promesa será la respuesta al problema de la esterilidad, y el principio que hace de esto una realidad es el canto.

En otras palabras, el llamado a una nueva vida se hace mediante una canción.

Ahora esta realidad parece de veras excepcional. Pensamos que cantar es solo algo que hacemos. El Señor dice que es más que eso; nos cuenta que hay un *poder* en la canción.

Hay cierto número de lugares en la Biblia aparte de Isaías 54 que muestran el poder y la dinámica funcional del canto, incluyendo tres estudios que vale la pena detallar:

1. El diálogo entre el Señor y Job, en el cual el texto revela que el cantar acompañó la creación de nuestro mundo por Dios (Job 38). Este es el principio de *la canción que se relaciona con el poder creador de Dios* .

2. La historia de Josafat en 2 Crónicas 20, donde un coro dirigió al ejército a la batalla. Este es el principio de *la canción que trae la victoria en la batalla*

3. La dramática liberación de Pablo y Silas de la prisión en Filipos (vea Hechos 16). Este es el principio de *la canción que libera del cautiverio* .

Tomemos cada uno de esos casos y evaluemos las lecciones que ellos nos enseñan sobre el poder de una canción devota.

1. UNA CANCIÓN ACOMPAÑA EL PODER CREADOR DE DIOS

Desde una tempestad, el propio Señor se manifestó a Job, y es en este encuentro en el que se nos introduce a una dinámica funcional dentro de la canción. El texto revela que un cantar asistió la creación de nuestro mundo por Dios cuando el espíritu celestial comenzó a soplar con coros de alabanza en reconocimiento de la maravilla y majestad del poder divino.

Al revisar la historia del diálogo de Job con Dios, descubrimos cómo Job tuvo la audacia de decirle al Creador del universo que no estaba muy complacido con la manera que hacía las cosas. A su vez, el Señor dijo, en efecto: «Está bien, tengo un par de preguntas para ti. Si puedes contestarlas, comenzaré a responder a tus acusaciones». Es casi risible leer de qué forma tan natural, no religiosa y directa fueron esas palabras tempranas del santo, y lo asombrosamente desarmados que nos deja leer la amorosa pero aguda respuesta de Dios. Dios formuló estas preguntas a Job:

¿Dónde estabas cuando puse las bases de la tierra?
¡Dímelo, si de veras sabes tanto!
¡Seguramente sabes…
quién tendió sobre ella la cinta de medir!
¿Sobre qué están puestos sus cimientos…?

En medio de su reto a Job sobre todo el proceso de la creación Dios dice esto: …"¿Y quién puso su piedra angular mientras cantaban a coro las estrellas matutinas y todos los ángeles gritaban de alegría? (vv. 6-7).

Haciendo una pausa para meditar, cómo Dios planteó su principal argumento preguntándole a Job sobre la creación de la tierra: ¿Dónde estaba Job cuando esto ocurrió? ¿Quién estableció sus dimensiones? ¿Quién puso su piedra angular? Pero quizá el más impresionante aspecto del análisis para nosotros es la aparente observación de pasada que hizo el Señor en medio de estas preguntas. Dios vinculó sus acciones al crear la tierra con el canto de coros angélicos que coreaban alabanzas. En breve, podríamos decir en sentido amplio: «Dios usa la música como un acompañamiento de su actividad creadora».

Debo discurrir sobre esto, de manera casi cómica: Todos estamos conscientes de la disponibilidad masiva de música para el ejercicio, música para la comida y debe haber, supongo, música para desmontar su cigüeñal. De manera que no piense que es excepcional si imagino algo no irreverente, pero de hecho relevante; que en la infinita eternidad, concibo algo parecido a una escena como esta. El Señor se levanta

de su trono, se vuelve hacia las huestes celestiales y dice:
«¡Socios, voy a crear algo hoy, ¡de manera que denme un
poco de música de fondo!». Por su puesto, ese escenario específico es más que un tanto improbable, pero aún la cosa
está clara: El relato de Job confirma que cuando Dios comenzó a crear, hubo un simultáneo ascenso de himnos de adoración y alabanza por parte de las huestes celestiales, sin duda
en asombro y reconocimiento de la maravilla y majestad de
su poder.

La relación entre el canto y la creatividad es ineludible.
¡Uno no puede si no maravillarse de lo a menudo que Dios
toma los cánticos de alabanza echados a volar por guerreros
de la oración que interceden en sus nichos de oración, y
pone en marcha las obras milagros de su «nueva creación!».
No piense que es algo exagerado, querido. Cuando usted
implora al Señor cosas inimaginables, cosas que necesitan
de su acción creadora, ¡cante!

Por cierto, tal visión no es algo único en mi imaginación,
como muchos de ustedes familiarizados con las Crónicas de
Narnia de C. S. Lewis estarán enterados. En estas obras maes-
tras escritas para niños por un hombre que era al mismo tiempo un intelectual, un genio y un serio erudito bíblico, Lewis
describe al gran león Aslan (una muy bien proyectada imagen de la Persona de Cristo) creando el país de Narnia por
medio del canto. Tengo pocas razones para dudar que Lewis
concibiera esta idea a causa de este pasaje del libro de Job.

Esta cita de la Escritura no solo es una cuestión de licencia
poética; pienso que es un punto de revelación. El cántico va
aparejado con la victoria, la liberación, la creación y otras acciones mencionadas en la Biblia. El poder de engendrar vida
del cántico tiene todo tipo de implicaciones cuando se trata
de cosas que usted y yo a cada rato enfrentamos que parecen estar paralizadas.

El poder del canto para enfrentar la esterilidad

Recuerdo muy bien una ocasión, mientras predicaba sobre Isaías 54:1-5 poco después que el Señor me había presentado estas verdades de forma vívida, cuando algo poco común ocurrió. En solo uno de nuestros cuatro cultos ese fin de semana, me sentí muy llevado por el Espíritu Santo a pronunciar una palabra profética a las parejas presentes en ese culto que no habían podido concebir. No les pedí que se identificaran, sino que les dije: «Aunque no me han instado a aplicar esta Escritura directamente a la esterilidad física en otros servicios este fin de semana, siento que el Señor ha puesto una palabra de profecía en mi espíritu. Como me han escuchado enseñar, me he centrado en las áreas improductivas de nuestras vidas, o lugares donde las barricadas obstruyen el camino. Pero siento que hay un llamado más directo del Espíritu en este servicio; que aquí hay personas que deben ser alentadas a creer y a comenzar a cantar como hizo la mujer de este texto: «El Señor llama, "Canten, oh mujeres estériles ..." y habrá hijos».

La confirmación de esa palabra del Espíritu fue de veras maravillosa. En el curso de los dos años siguientes, ¡dedicamos bebés de dos parejas en la familia de nuestra iglesia que habían sido incapaces de concebir durante siete años en un caso y diez años en otro! Ambas parejas me dijeron que habían estado en ese servicio, y que a continuación habían comenzado a adorar juntos con regularidad, a llenar sus hogares con cánticos, a aceptar el testimonio de la promesa del Espíritu que se les había dado.

En este pasaje de la Escritura, a través del profeta Isaías, Dios nos enseña a abordar esas situaciones de esterilidad en la que no hemos visto entrar su vida o poder: Debemos cantar sobre ellas. Una manera de hacer esto es presentarnos delante del Señor en oración y nombrar solo los miembros de nuestra familia, amigos o las situaciones hasta ahora infructuosas, diciendo algo como esto: «Señor, traigo a Juan a tu presencia» o «Señor, traigo a Sally» o «Señor, esta situación es un desastre». Y entonces comenzar a cantar, manteniendo los temas delante del Señor en oración. Podemos cantar con el entendimiento o podemos cantar con el Espíritu. De esta manera reconocemos la verdad del poder que la canción nos ha dado para confrontar la esterilidad.

El poder del canto para restaurar y liberar

Al discutir el poder el canto, esté seguro de que no propongo que cantar es un método mágico para hacer que ocurran milagros. El Señor soberano es el único que ejercita el poder y quien decide moverse entre nosotros. Pero también está claro que él ha decidido relacionarse con nosotros en amor y a través del poder de su Espíritu Santo quien se deleita en todo lo que glorifica y engrandece a Jesús. De manera que hay un motivo para creer que nuestra alabanza a Dios y su Hijo, que se eleva en un cántico, sí tiene algo que ver con nuestra participación junto a él en la contemplación de la manifestación de los propósitos divinos sobre la tierra y en nuestro medio.

En consecuencia, al aplicar el poder del canto, puede que haya ocasiones en que cantemos y no encontremos la liberación correspondiente (por ejemplo, la esterilidad puede seguir prevaleciendo). Pero esto bien puede no indicar la aplicación inefectiva de un principio, sino una respuesta incompleta de nuestras propias almas a él *en otra cuestión*. Puede ser que Dios retarde la respuesta a fin de que esa personalidad, por ejemplo, se desarrolle dentro de nosotros. Otra historia de la vida de nuestra iglesia explicará lo que quiero decir.

Cerca de tres años después de la palabra profética que mencioné dar, una joven mujer se me acercó a pedido de su esposo. No fue descortés o poco amable hacia mí, pero esta-

ba turbada, y podía sentir un amargo disgusto en su corazón. Como las otras parejas, ella y su esposo no habían sido
capaces e concebir. Ella había escuchado la serie de mensa-
jes que yo había pronunciado sobre el tema, y ella y su esposo habían cantado sobre su situación. Pero nada había
sucedido. Ella trató de esconder su angustia, pero la cuestión estrujaba su corazón: «¿Por qué no tengo un bebé?»

No sabía que decirle.

Aunque esta consciente que esto podía sonar como la
peor evasiva del mundo, sugerí que quizá el Señor tenía un
propósito redentor al querer que ellos adoptaran un niño.
Me explicó que no se oponía a esta posibilidad, pero en medio de sus lágrimas, también me habló de un profundo anhelo por su propio hijo.

Y lo sentí por ella.

Pasaron otros dos años, y entonces tuvimos el gozo de dedicar un niño que ella dio a luz. Aunque nunca lo dijo con
tantas palabras, pienso que ella reconoció que Dios necesitaba purgar alguna amargura de su sistema y había demorado
la respuesta a sus oraciones por este motivo.

No era que en el ínterin Dios tuviera desamor hacia ella. El
Señor no contesta solo nuestros cánticos por bendiciones y
una nueva vida con el propósito de decir: «Aquí tengo una pequeña satisfacción para ti», como un Papá Noel celestial que
reparte caramelos. El Señor nos conduce a la realización de sus
propósitos. A menudo la mayor de las misericordias y las gracias es aquella que requiere el desarrollo de nuestro carácter
antes de la manifestación de la benevolencia que de él espera-
mos. No que el crecimiento de nuestro carácter gane algo; más
bien, que se resuelva cualquier cosa que nos envenena.

Este pasaje de la Escritura también nos señala otra gran
verdad sobre cómo nuestras actitudes pueden afectar la respuesta divina:

No temas, porque no serás avergonzada;
No te turbes, porque no serás humillada.
Olvidarás la vergüenza de tu juventud,
y no recordarás más el oprobio de tu viudez.

Isaías 54:4

Este versículo comienza diciendo: «No temas». ¿Por qué temería alguien ante la maravillosa promesa de Dios sobre extender nuestra tienda? Porque todos somos vulnerables a la acusación de que el pasado nos descalifica ante cualquier expectativa de que esa maravillosa promesa se pudiera cumplir. Estamos avergonzados y temerosos. Puede imaginarse a alguien —¿a usted mismo?— que comienza a cantar en un lugar que necesita el flujo de una nueva vida y la voz del miedo se introduce poco a poco: *¿Qué si solo hago ruidos? ¿Solo un silbar en la oscuridad? ¿Qué si esto es una canción en la noche, y nunca habrá un amanecer? Es demasiado tarde. Lo perdí.*

En efecto, la voz de Dios nos dice: «No temas. No sucumbas a la mentira de que solo se trata de una broma o de que se ha hecho una introspección esperando algo que de veras no es mi promesa» él nos alienta a usted y a mí, justo como hizo con la mujer estéril: «No serás avergonzada. Olvidarás la vergüenza de tu juventud. Comienza a cantar, porque la vergüenza de tu pasado no será un obstáculo para lo que voy a hacer».

Dios puede compensar nuestro tiempo perdido. Recuerde sus palabras a través del profeta Joel: «Yo les compensaré a ustedes por los años en que todo lo devoró ese gran ejército de langostas que envié contra ustedes: las grandes, las pequeñas, las larvas y las orugas» (Joel 2:25).

Invocaremos el poder de Dios en cánticos, no seremos abandonados ni avergonzados. Nuestros pasados no nos descalificarán ante la restauración que él planea para la esterilidad de nuestras vidas. Él compensará esos años solitarios y perdidos.

El clímax del texto llega en Isaías 54:5, donde Dios se describe a sí mismo: «Porque el que te hizo es tu esposo; su nombre es el SEÑOR Todopoderoso. Tu Redentor es el Santo de Israel: ¡Dios de toda la tierra es su nombre!».

Como nuestro Hacedor, él es capaz de crear cualquier cosa que se necesite para nuestras vidas. Como nuestro Redentor, él es capaz de restaurar, de recuperar cualquier cosa perdida. Como Dios de toda la tierra, no hay nada que no pueda gobernar o borrar.

Cuando elevamos nuestros cánticos de adoración, él dispensa su poder y preocupación por nosotros. En nuestras vidas personales, en nuestro trabajo, en nuestras familias, en nuestras entrañas actuales, mientras cantamos de la omnipotencia de Dios, él dispensa poder a nuestros aspectos personales de esterilidad. Él es nuestro Creador, Restaurador, Soberano, Salvador. Y él dice: «¡Cantad!».

2. LA CANCIÓN LLEVA A LA VICTORIA EN LA BATALLA

La historia mejor conocida de una batalla decisiva ganada por medio del poder de una canción se encuentra en 2 Crónicas 20. El ambiente de fe que envió a marchar el coro de Judá frente al ejército hacia la batalla despliega una maravillosa lección sobre la interacción entre la adoración y la guerra. Esta es la historia de un pueblo cuya vida nacional estaba amenazada y que enfrentaba una tremenda confrontación, y hasta una potencial extinción. A través de la adoración, se logró la victoria en una lucha de vida o muerte.

El temor de Josafat, Rey de Judá, creció cuando recibió una palabra de que las naciones a su alrededor se amontonaban para atacar. ¿Se puede imaginar a sí mismo en este cuadro? El enemigo se acerca marchando sobre un pueblo inerme y dice: «Todo acabará para ustedes en cierto momento». Cosas como esa le ocurren a los creyentes dondequiera: Un diagnóstico terminal sobre la salud de una persona… un pronóstico negativo sobre las finanzas de la familia… la amenaza de un ultimátum en un matrimonio atribulado. Ante esas cosas, somos sabios si miramos a Josafat mientras enfrentaba su «ultimátum». Su respuesta nos muestra cómo cantar cuando usted lucha por su vida. Nuestra reacción ante circunstancias terribles —ya sea de fe o temor— determinará el resultado.

La reacción inicial de Josafat de temor ante la súbita crisis no lo descalificaba como una persona de fe o como una persona victoriosa en potencia. En breve, pretender negar el temor no califica a una persona como «espiritual». Pero lo que hace la diferencia es lo que hacemos —lo que cualquier persona hace— cuando el temor golpea. Mire la actuación de Josafat: Su primera línea de defensa y respuesta al temor fue buscar al Señor con un ayuno (vea el v. 11). Como cualquier creyente avisado, sabía que sin duda ayunar no es un medio por medio del cual regateamos con Dios o de alguna manera «nos granjeamos» su interés. El ayuno es un instrumento de la guerra espiritual, un instrumento por medio del cual se debilitan y a la larga quiebran los poderes satánicos y demoníacos (vea Daniel 9-10). Al declarar el ayuno a lo largo de Judá, el Rey Josafat reconoció que la batalla era en esencia espiritual; que las fuerzas guiadas por un pueblo que adoraba a otro dios buscaban abatir el culto y reducir la ostensible dignidad del Dios de Israel.

En palabras de Pablo: «Porque nuestra lucha no es contra seres humanos, sino contra poderes [oposición demoníaca]» (Efesios 6:12). Demasiado a menudo contraatacamos con la energía de la carne más que con el poder del Espíritu. Cuánta gente trata de imaginar medios para manejar la expresión física del problema, en lugar de ir directamente a la fuente (¿la raíz espiritual?). Los ataques contra nosotros se basan a menudo en intentos del infierno por desacreditarnos o diluir la efectividad de los propósitos de Dios en y a través de su pueblo.

Josafat confrontó una realidad física con una dinámica espiritual —el ayuno y la adoración— y el Espíritu del Señor respondió. El pueblo oró y en medio de su adoración, el Espíritu de Dios vino sobre Jahaziel, un reconocido profeta:

> Así dice el SEÑOR : «No tengan miedo ni se acobarden cuando vean ese gran ejército, porque la batalla no es de ustedes sino mía. Mañana… saldrán contra ellos… Pero ustedes no tendrán que intervenir en esta batalla. Simplemente, quédense quietos en sus puestos, para que vean la salvación que el SEÑOR les dará. ¡Habitantes de Judá y de Jerusalén, no tengan miedo ni se acobarden! Salgan mañana contra ellos, porque yo, el SEÑOR, ESTARÉ CON USTEDES».
>
> 2 Crónicas 20:15-17

En respuesta a la palabra profética del Señor el pueblo se postró de nuevo para adorar:

> Josafat y todos los habitantes de Judá y de Jerusalén se postraron rostro en tierra y adoraron al Señor, y los levitas de los hijos de Coat y de Coré se pusieron de pie para alabar al Señor a voz en cuello.
>
> vv. 18-19

El Señor hablará a las personas por medio del impulso profético del Espíritu. Las declaraciones proféticas, aunque no se equiparan con la Escritura, deben apoyarse en ellas. La gente puede ignorar el presente ministerio del Espíritu Santo, pero Dios nos ha hablado a todos en un momento u otro de nuestras vidas; y necesitamos tomar conciencia de si recibiremos o no la palabra que el Señor pone en nuestros corazones.

El mensaje profético, sin duda, los alentó al día siguiente cuando tuvieron que enfrentar al enemigo. Todos hemos tenido la experiencia de despertarnos a la mañana siguiente para ver cómo comienza a evaporarse nuestra fe cuando se presenta un problema. Pero Josafat «consultó» con el pueblo (vea el v. 21), quizá para revisar la promesa profética de Dios para ellos el día antes que la fe actuara. ¿La decisión del coro? Salir marchando con cánticos y alabanzas a Dios. Mientras la adoración avanzaba, sobrevino la confusión sobre los enemigos de Judá. Sus adversarios se volvieron unos contra otros y se destruyeron a sí mismos. Tomó tres días recoger los despojos.

La decisión de que el coro fuera delante del ejército no fue una treta: reflejaba sus convicciones. Habían visto a su rey de rodillas, cuando Josafat declaró (1) El Señor es Dios sobre todo, (2) Su poder va más allá de todos, y (3) no hay nada que pueda sobrevenir sobre su pueblo que él no pueda vencer (vea vv. 6-12). ¡Su canción era un reconocimiento universal de quien iba delante de ellos! Así que mientras el coro avanzaba con su canción, moviéndose hacia la batalla, lo hicieron con confianza en el Señor, ¡quien había profetizado mediante su siervo que él lucharía por ellos! Su fe, revelada en la acción unida a su adoración, se basaba en la Palabra de Dios, en el récord probado de su historia de liberar a su pueblo cuando este lo invocaba.

La fe viene del oír y a través del conocimiento de la certidumbre de la Palabra de Dios. Ella contiene el registro de la historia redentora de cómo Dios actúa, y ofrece la promesa de que su carácter no ha cambiado. Él es el mismo hoy, y responde a su pueblo ahora como lo hizo en el pasado.

A todos nos llega el momento de decidir: ¿Esto es cierto? ¿Puede ser de veras apropiado el poder de la promesa de Dios —ser estimulada la fe— mientras lo adoro y lo busco? ¿Hará por mí, cuando canto, lo que hizo por Josafat y su pueblo?

Creo que la respuesta está en la Palabra de Dios. La fe comienza a elevarse cuando partimos de una sólida visión de que Dios es fiel, que no cambia, y que ninguna palabra de su buena promesa ha fallado (vea Josué 23:14).

Cuando parece que todo se nos viene encima y nuestro futuro se ha frustrado, nuestra respuesta victoriosa debe ser como la de Josafat:

- Primero busque a Dios.
- Permita que su fe crezca al recontar la historia de la obra de Dios.
- Escuche al Espíritu Santo mientras él le habla.
- Proceda, adorando con una canción inspirada en la fe.

A través de nuestra adoración, el Señor ganará la batalla por nosotros.

3. El canto libera del cautiverio

David escribió en el Salmo 32:7: «Tú eres mi refugio; tú me protegerás del peligro y me rodearás con cánticos de liberación. Selah».

Una dramática e impresionante demostración del poder de la adoración no solo para traer liberación, sino también a fin de allanar el camino para el evangelismo como se ve en Hechos 16, cuando Pablo y Silas estuvieron prisioneros en Filipos. El cántico del Señor sacudió los poderes de las tinieblas y liberó una familia y al final una ciudad, un continente y todo un hemisferio:

A eso de la medianoche, Pablo y Silas se pusieron a orar y cantar himnos a Dios, y los otros presos los escuchaban. De repente se produjo un terremoto tan fuerte que la cárcel se estremeció hasta sus cimientos. Al instante se abrieron todas las puertas y a los presos se les soltaron las cadenas. El carcelero despertó, y al ver las puertas de la cárcel de par en par, sacó la espada y estuvo a punto de matarse, porque pensaba que los presos se habían escapado. Pero Pablo le gritó:

—No te hagas ningún daño! ¡Todos estamos aquí!

El carcelero pidió luz, entró con precipitación y se echó temblando a los pies de Pablo y de Silas. Luego los sacó y les preguntó:

—Señores, qué tengo que hacer para ser salvo?

Cree en el Señor Jesús; así tú y tu familia serán salvos —le contestaron.

Luego les expusieron la palabra de Dios a él y a todos los demás que estaban en su casa. A esas horas de la noche, el carcelero se los llevó y les lavó las heridas; enseguida fueron bautizados él y toda su familia».

vv. 25-33

En mi opinión, este episodio constituye un caso notable del poder de la canción. No puedo ver el canto de Pablo y Silas solo como un esfuerzo de consolarse a sí mismo en un momento difícil. Más bien, creo que como hombres de profunda visión espiritual y bíblica que eran, conocían y aplicaban este principio. De esa manera, ante obstáculos monstruosos —(1) encarcelamiento, (2) resistencia política, (3) el intento de plantar una iglesia en una ciudad pagana, y (4) la empresa de penetrar el continente de Europa con el Evangelio— cantaron.

No hicieron esto porque no tenían otro recurso, sino porque sabían que la exaltación del Altísimo da lugar a sus amables y soberanos propósitos, a su presencia manifiesta. «El SEÑOR omnipotente, el Todopoderoso, toca la tierra, y ella se desmorona» (Amós 9:5). No sugiero que los prisioneros que adoraban esperaban un terremoto, o que todo terremoto sea el resultado de la adoración. Expreso la convicción que esos dos cantantes conocían el poder de la adoración, ejercitada en medio de una misión bloqueada casi imposible y el resultado fue (1) su liberación, (2) el favor de las autoridades, (3) la prevención de un suicidio, la conversión de un carcelero, que la salvación llegara a su familia, y (4) una iglesia plantada y un continente penetrado. *La adoración es la clave para que penetre el evangelismo* .

CANTAR EN EL ESPÍRITU

Es de suma importancia, en mi opinión, que el gigantesco intelecto que sin duda poseía Pablo no se inhibe al describir cómo aprovechaba los beneficios al orar y al cantar «en el Espíritu» (vea 1 Corintios 14:13-20). Su carta a la iglesia de Corinto, por ejemplo, busca corregir aplicaciones confusas de los beneficios del lenguaje espiritual entre la congregación, pero sin vacilar afirma su propia divisa y práctica de la misma. En esencia dice: «Si ustedes emplean de manera insensible el "hablar en lenguas", estas se convierten en una distracción. Si las emplean como les he enseñado, las encontrarán edificantes (vea 14:4).

No hay manera que la frase «cantaré en el Espíritu» pueda significar en este contexto algo distinto a cantar «en lenguas», emplear la capacidad que da el Espíritu Santo para el lenguaje espiritual (glosolalia). A estos logros se les añade un énfasis en los dos pasajes en los cuales Pablo exhorta a los creyentes del Nuevo Testamento a adorar con «salmos, himnos y canciones espirituales» (vea Efesios 5:19; Colosenses 3:16). Las palabras griegas *hodais pneumatikais* (canciones espirituales) usan la misma palabra para «espiritual» que se utiliza en 1 Corintios 14:1, introduciendo el tema de los dones del Espíritu Santo. En otras palabras, nos enfrentamos de nuevo a la muy natural y reiterada referencia de Pablo sobre el empleo práctico en la oración o la adoración del hablar en lenguas en la vida devocional privada de un creyente.

Para aquellos que pueden no estar familiarizados con esto, el propio Jesús introdujo el tema el lenguaje espiritual: «Estas señales acompañarán a los que crean: en mi nombre… hablarán en nuevas lenguas» (Marcos 16:17).

Hablar en «nuevas lenguas» es la primera de las cinco señales reveladas en este texto que según el propio Jesús profetizó serían común entre los redimidos. Hoy, dondequiera que se disipan los temores a través de una fiel enseñanza de la verdad de la Palabra de Dios sobre el tema, hablar en lenguas se convierte en una experiencia casi universal. Contrario a la idea de que «las lenguas» son un «periplo» fanático, la bendición de la expansión por el Espíritu Santo de nuestras capacidades para la alabanza y adoración privadas es algo que satisface y libera de manera maravillosa. Es la respuesta del Espíritu al clamor del corazón de Charles Wesley que se expresa en su himno,

> Oh, si tuviera mil lenguas para cantar la alabanza de mi
> gran Redentor,
> Las glorias de mi Dios y Rey, ¡los triunfos de su gracia!

La capacidad para adorar y alabar a Dios en una nueva y trascendental dimensión se manifestó el mismo día en que nació la Iglesia:

Todos fueron llenos del Espíritu Santo y comenzaron a hablar en diferentes lenguas según el Espíritu les concedía expresarse… [todos los que escuchaban respondieron] «¡todos por igual los oímos proclamar en nuestra propia lengua las maravillas de Dios!».

Hechos 2:4,11

Puede que no se les haya enseñado a algunos de ustedes que ya han recibido su lenguaje espiritual que también se les llama y están libres de expresarlo en canciones. En mi propio peregrinar con Jesús, mi primera exposición a este privilegio no careció de su propia belleza, pero me hallé a mí mismo todavía renuente a «cantar en el Espíritu». La colocación sin ritmo de las palabras sobre un tono sostenido que se eleva o cae o un tono que el propio cantante innova era para mí algo bastante extraño. Aunque yo escribía música, y aunque ya oraba a diario en mi lenguaje espiritual así como en inglés, me costaba trabajo aceptar la «novedad». Para ser bien sincero, había tenido que lidiar con el orgullo, con esa preferencia humana de hacer las cosas a voluntad propia. Pero recuerdo escuchar una vez a un pastor decir: «¿Cuándo fue la última vez que usted hizo algo por primera vez en el nombre de Jesús?». La pregunta encaraba mis reservas.

Decidí «cantar con el Espíritu», obedecer las indicaciones de la Escritura, y encontré que ello era infinitamente más fácil de hacer de lo que se piensa. De hecho, he encontrado que si las personas comienzan a cantar alabanzas —glorificando a Jesús, cantando Aleluya— una vez que lo hacen, a menudo descubren que cantar con el Espíritu es quizá la forma más natural de alabar a Dios. Podemos comenzar con una melodía conocida y entonces continuar por nuestra cuenta (Si usted no ha recibido todavía la dádiva de una oración inspirada por el Espíritu o lenguaje espiritual, y cree la Palabra de Dios de que su promesa sobre la plenitud y beneficios del Espíritu Santo son los mismos para usted que para aquellos primeros cristianos (vea Hechos 2:38-39), pida al Espíritu Santo lo haga rebosar con nuevas dimensiones de adoración, en el nombre de Jesús (Si la quiere consultar, se ha colocado una oración para recibir la plenitud del Espíritu Santo en el Apéndice 2.)

EL CÁNTICO ES UNA LLAVE DEL REINO

La relación entre el cántico y la creatividad es ineluctable. El cántico no es solo una parte incidental o litúrgica de nuestra adoración; es una llave del Reino que libera el flujo que engendra la vida de Dios dentro de nuestro mundo y nuestras vidas. El cántico es un medio natural para juntarnos: Es un bello medio de alabanza y adoración, y un poderoso medio de desafiar las tinieblas y declarar la verdad.

Pocas cosas deleitan más el corazón de Dios que cuando elevamos hacia él palabras de adoración y alabanza en un cántico. Mientras cantamos, declarando la verdad de la bondad de Dios, repasando la certidumbre de su victoria y su capacidad para crear y dar la vida, su Espíritu Santo nos capacita para confrontar lo que pretenda impedir o sofocar. Cuando adoramos a Dios en una canción, el poder de las tinieblas —en todos los aspectos de nuestras vidas y en toda circunstancia de nuestro mundo— enfrenta un desafío. El poder de la canción anticipa la venida de su Reino «en la tierra como en el cielo». Comience a cantar en sus momentos devocionales, cuando maneja a solas en el automóvil, cuando sale a dar un paseo. Deje que sus alabanzas a nuestro maravilloso Señor y Salvador se eleven en una canción: «¡Canta, oh estéril!» y brotará la vida.

Como se les prometió a las estériles, el poder inherente a la canción es promesa de Dios para usted y para mí, promesa que nos invita a todos a esperar nuevas fronteras de bendición: «Te extenderás a la mano derecha y a la mano izquierda y tu descendencia heredará naciones» (Isaías 54:3, RVR 1960).

Y en eso descansa el objetivo de toda adoración: glorificar a Dios, quien se deleita en hacer nacer la vida así como en derramar vida hasta que ella toque a cada pueblo y país.

¡Que no «lo intentemos» por intentarlo! ¡Elevemos nuestras voces altas y sonoras con el poder de la canción que engendra la vida, y cantemos hasta que se ganen las naciones para su Hijo!

CAPÍTULO 11

Grite «¡Gracia!» y diga «Amén»

El énfasis en la adoración

A lo largo de la Biblia se nos recuerda, tanto en términos positivos como negativos, el poder de nuestras palabras. Santiago nos dice: «Así también la lengua es un miembro muy pequeño del cuerpo, pero hace alarde de grandes hazañas» (3.5). Lo que sale de nuestros labios es crucial en lo que toca a la victoria (o nuestro andar a tientas) de nuestro andar con el Señor, sobre todo en lo que concierne a nuestra adoración. Nuestras palabras abren (o cierran) la senda para que el poder de Dios y la autoridad del Reino entren en nuestro mundo personal. Así como hemos examinado de forma extensa el poder del canto, permítame invitarle a pensar conmigo sobre otras dos expresiones comunes a nuestra adoración.

Ninguna canción es más común en la adoración al nivel global que el himno amado y lleno de sencillas verdades

«Sublime gracia». Predicamos la gracia de Dios, creemos en ella y la palabra aparece una y otra vez en nuestras canciones e himnarios. Y es a la luz de la posibilidad de que todos siempre somos vulnerables a «conocer algo tan bien o escuchar algo tan a menudo que olvidemos la profundidad de su realidad y maravilla», que quiero que recorra conmigo una historia del Antiguo Testamento, una historia sobre la *gracia*, sobre *gritar* «¡Gracia!».

Otra palabra que aparece tanto en nuestros cultos de adoración que estamos inclinados a considerarla una mera formalidad o una simple afirmación pronunciada por un oyente emocionado, es la palabra *Amén*. Llevado por la convicción de que los *que adoran con más efectividad y piensan con más claridad mientras buscan con humildad a Dios* sugiero que veamos a «Amén» y «Gracia» como algo más que una valiosa discreción. Le pido que vea estas palabras como he llegado yo a verlas: como cuestiones relacionadas con la adoración.

GRITAR «¡GRACIA!».

Es una característica de los seres humanos recurrir a nuestros propios recursos y auto insuflado poder antes que buscar una dádiva de la gracia de Dios para enfrentar desafíos y obstáculos que nos confrontan y confunden. Pero edificar una vida de discipulado significa depender en lo que Dios ha hecho y permitir que sus obras crezcan en nuestras vidas, antes que tratar de confiar en la voluntad, la fuerza y la sabiduría humanas. Como un refrescante repaso, o un conmovedor recordatorio de cómo cada uno de nosotros debe descubrir experiencias imperecederas de liberación a través de la gracia de Dios, observe conmigo a un líder del Antiguo Testamento que enfrentó asombrosos obstáculos mientras trataba de cumplir la tarea para la cual Dios lo había llamado.

Zorobabel era el líder de cincuenta mil exiliados que regresaban desde Babilonia. Aquellos que él dirigía eran, en su mayor parte, los hijos y los nietos de los israelitas que habían sido capturados cuando Nabucodonosor arrasó a Jerusalén décadas antes. Muy pocos de los capturados habrían sobrevivido, de manera que eran sus descendientes los que hacían el viaje de regreso a casa.

Encima de su regreso, los israelitas iniciaron la tarea de reconstruir el templo, al principio con gran celo. Pero su entusiasmo inicial comenzó a desvanecerse cuando se presentaron desalentadores obstáculos para cumplir la tarea. Los recursos a los que tenían acceso eran limitados. La oposición suscitada por los vecinos samaritanos provocó una orden del gobierno entonces en el poder para detener la construcción. La preocupación con otros empeños drenó sus energías. Y en medio de todas estas distracciones, los pocos que habían sobrevivido a las condiciones del cautiverio compararon la meta de sus esfuerzos en términos desfavorables con la antigua grandeza y esplendor del templo de Salomón. Todas estas cosas conspiraron para engendrar el desaliento en medio del pueblo. Sus afanes parecían valer tan poco, tomaban tanto tiempo y enfrentaban una oposición tan acérrima.

Fue en este punto de baja moral, de pérdida de visión y de menguante éxito en el proyecto de construcción que el profeta Zacarías dio una palabra de aliento a Zorobabel. Se trata de un caso de estudio en extremo práctico, porque ofrece consejo divino y acción dirigido a esos puntos de desaliento y progreso estancado que tan a menudo nos impactan. Una promesa de intervención del poder divino estaba a punto de llegar a Zorobabel, pero ella estaba vinculada a su respuesta ante una acción específica que sería como una especie de conmutador eléctrico; ésta «activaría el poder» de la gracia de Dios.

«Ésta es la palabra del SEÑOR para Zorobabel:
"No será por la fuerza ni por ningún poder, sino
por mi Espíritu —dice el SEÑOR Todopoderoso—
¿Quién te crees tú, gigantesca montaña?
¡Ante Zorobabel sólo eres una llanura!
Y él sacará la piedra principal
entre gritos de alabanza a su belleza"».

Entonces vino a mí la palabra del SEÑOR :

Zorobabel ha puesto los cimientos de este templo,
y él mismo terminará de construirlo.
¡Así sabrán que me ha enviado a ustedes
el SEÑOR Todopoderoso!

Zacarías 4:6-9

Dios le dijo a Zorobabel que no sería por la fuerza, el poder, la manipulación o la inteligencia humana que se ganaría la batalla, sino *por su Espíritu*.La fuente de la promesa y el poder es siempre la misma: ¡Todo el poder pertenece a Dios! Pero déjenme proponer la analogía que mencioné un poco antes.

Todo el poder que activa el sistema eléctrico de mi casa tiene una fuente que va más allá de mi capacidad de producirlo. Se genera en otra parte y «se canaliza» por la vía de complejos sistemas de redes y alambradas hasta que al final se conecta a la casa de Anna y mía. El poder viene de arriba, literalmente. La lluvia llena los ríos; los ríos llenan las presas; las presas alimentan los generadores; los generadores llevan el poder eléctrico por medio de alambres. Y cuando este llega a nuestra casa, nada funciona mientras no se active un interruptor. De manera similar, hay que echar mano al poder de la gracia de Dios a través de una acción decisiva.

A esa luz, continuemos con Zorobabel, pero permítanme colocar la historia en el contexto de nuestras vidas con estas palabras: Jesús otorga gracia a su pueblo cuando nuestras vidas están atascadas.

Quiero invitar a todos los adoradores que leen estas palabras a pensar en los momentos en que su propia adoración se ve invadida por preocupaciones con dificultades presentes. No es que usted no crea que Dios es grandioso: Solo es que de alguna manera la fe parece más pequeña —por lo menos, como con Zorobabel— la fe para completar la tarea, la visión o realización de un sueño dado por Dios.

Quizá haya un proyecto que ha esperado ver completado que se ha atascado, demorado o que nunca parece despegar. Ha tratado de hacer lo posible para hacerlo avanzar solo para que una cosa tras otra se interponga en el camino hasta que por último el desaliento se entroniza. La mera visión de que está incompleto pervive como una burla para su testimonio y convicción de que debe terminarse. Así se sintió Zorobabel cuando supervisó la reconstrucción del Templo.

Pero Dios obra por medio de su gracia de formas que es imposible que imaginemos; su llamado para nosotros, como fue para Zorobabel, es que lo invoquemos para que la derrame.

Uno de los mayores milagros que ocurrirían en la vida de Anna y la mía tuvo lugar cuando éramos una joven pareja que trataba de levantar una iglesia en una ciudad donde no conocíamos a nadie. Creíamos en nuestro llamado a esta misión, pero parecía que quedaría empantanado y detenido por falta de fondos. Parecerá muy pequeño para el lector de hoy, pero hace más de cuarenta años (y dada nuestra situación) nos quedamos perplejos porque nos faltaban $75. ¡Muy bien podrían haber sido $75,000! Era por lo menos tanto para nosotros como ese «monte» que Zorobabel enfrentó: «¿Quién eres tú, oh gran monte? Delante de Zorobabel serás reducido a llanura; él sacará la primera piedra con aclamaciones de: Gracia, gracia a ella» (v. 7, RVR 1960)

Ya estábamos bien adentrados en el mes de enero. La Navidad había pasado, y sabíamos que no se nos había hecho llegar ningún regalo en efectivo lo más probable de parientes o amigos. Todo recurso humano se había agotado, una niña pequeña y otro hijo en camino presentaban un espectro de futileza económica, y ni Anna ni yo podíamos pensar en ninguna otra fuente posible de la cual podría venir el dinero.

Muy bien recuerdo ese día, cuando nos arrodillamos junto a la mesa de la cocina. Dije: «Querida, déjame orar lo que siento en mi corazón». Ella estuvo de acuerdo conmigo mientras yo decía: «Señor, en ti confiamos, y estamos agradecidos de estar en una situación tan indefensa. Quiero pedirte este favor, esta gracia tuya. En alguna parte, Jesús, tú sabes que alguien tiene $75 que podría mandarnos. ¿Hablarías al corazón de esa persona para que lo haga? Te alabaremos suceda lo que suceda, pero esta es nuestra petición».

Lo que sucedió es lo más increíble que ha ocurrido en mi vida. He dirigido una congregación a victorias en medio de desafíos multimillonarios, pero los $75 son aún un portento no olvidado.

Cuatro días más tarde recibimos un cheque de una persona de la cual nunca habíamos oído en nuestras vidas y que ninguno de nuestros amigos conocía: Era por $75.

A nadie le habíamos contado nuestras dificultades. El cheque no estaba acompañado por nota alguna, y hasta hoy no tengo idea de cómo este individuo tenía conocimiento de nosotros o de nuestra situación. Escribí una carta a la persona cuyo nombre estaba en el cheque, expresando nuestro interés en conocer cómo se suscitó el regalo. Nunca escuchamos una palabra. Dios siguió siendo la única explicación: la gracia de Dios era el único recurso con que podíamos contar.

Cuento de nuevo esta simple historia porque la promesa de Dios a Zorobabel es todavía la misma: «No por la fuerza [ningún contacto o bofetón para forzar la acción] no por el poder [ninguna dinámica de la fuerza o capacidad humana], sino por mi Espíritu».

¡Gracia! La palabra favorita del Nuevo Testamento que se aplica al obrar del Espíritu Santo:

- *Charis* —«gracia» en griego— que describe un favor divino y la liberación del poder divino en situaciones de incapacidad humana e ineptitud para servir.
- *Charis*, palabra que se utiliza para describir los milagros que comenzaron a fluir de la vida de Esteban, cuando el Espíritu Santo hizo obras más allá de las capacidades humanas (vea Hechos 6:8). Nota: Algunas versiones inglesas traducen mal *charis* y dicen «fe» en lugar de «gracia».
- *Charis*, primera mitad de la palabra *charismata*, que se refiere a los dones del Espíritu Santo y da lugar a despliegues funcionales de la sabiduría, el conocimiento, el discernimiento, la visión, el poder, y la curación divinas, etc. solo mediante el poder de Dios (vea 1 Corintios 12).

No había nada que yo hubiera podido hacer para dar inicio a la tremenda liberación de gracia que vino de Dios a través de este individuo y que nos encontró en el punto de nuestra necesidad en que no podíamos hacer otra cosa que acudir indefensos ante él para implorar. Aquí exactamente estaba Zorobabel en su situación, pero el Señor había hablado: «Gigantesca montaña, ¡sólo eres una llanura!».

Dios promete que las «montañas» de la vida —los obstáculos que se alzan de manera amenazante en nuestro camino— serán allanados, no por nuestro poder sino por el suyo. Y las palabras que Zacarías dirigió a Zorobabel estaban claras: Ese poder que movía montañas vendría por el obrar del Espíritu Santo.

La palabra de promesa profética que recibió Zorobabel era que él sacaría «la piedra principal» (esto es, la terminación del proyecto de construcción). En tiempos antiguos, la piedra principal era la última piedra que se colocaba en su lugar: era el toque final. Como la piedra angular de un arco es la piedra primaria que asegura no solo la terminación sino la durabilidad —si se remueve todo el arco colapsará—, el proyecto constructivo de Zorobabel estaría terminado y seguro cuando se completara con la piedra principal. En esencia, Dios hablaba a Zorobabel a través del profeta Zacarías mientras los dos hombres estaban parados sobre el sitio de la edificación supervisando el Templo a medio construir. Y Dios dijo: «Ustedes completarán él edificio del Templo, pero esto no se logrará por el poder de la ingeniería humana».

¿Cómo entonces? Zacarías anuncia la palabra del Señor: «Y él sacará la piedra principal entre (NVI)... [aclamaciones de: Gracia, gracia a ella».] (RVR 1960).

No es difícil describir esa piedra principal, ya labrada y preparada para su colocación final, pero descansando sobre el terreno allí en el sitio de la edificación, lista para la terminación de un templo que parecía más allá de toda expectativa. Cuantas veces Zorobabel caminaba junto a ella, uno puede imaginarse los sentimientos de incertidumbre. Los mejores líderes los tienen. Pero Dios hablaba a su incertidumbre, y con un mandato peculiar —un mandato a *gritar* una repetida declaración de «¡Gracia! ¡Gracia!», un acto que *el profeta dijo que Dios dijo* que daría lugar al obrar del Espíritu Santo.

Justo como Zorobabel construía un templo, así los lectores de estas palabras están construyendo:

• Quizá desfallezca mientras busca rehacer un matrimonio que no va muy bien.

- Quizá sea un pastor cuya visión para la congregación parezca haberse empantanado.
- Quizá sea un hombre de negocios cuya empresa se ha arrastrado hasta casi detenerse, y comienza a fluir la tinta roja.
- Quizá esté preocupado con una tarea que parece imposible o un fracaso recurrente en su búsqueda como creyente.

Cada uno de nosotros es parte de un templo que Jesús construye: su Iglesia. Esta no se hace con manos humanas, no es de ladrillos, sino de personas que se edifican como una casa espiritual «para ser morada de Dios por su Espíritu» (Efesios 2:22). También como individuos, cada uno de nosotros somos un templo del Señor (vea 1 Corintios 6:19), y la consumación de los propósitos de Dios en nosotros es notablemente paralela al desafío que enfrentó Zorobabel.

Sea cual fuera el caso con cualquiera de nosotros, no solo el mensaje del texto está envuelto en la verdad de que solo la gracia es suficiente, sino que estamos llamados a la aplicación humilde de esa verdad, al abierto y enfático compromiso de anunciar, de declarar nuestra dependencia de Dios, ¡de gritarle al obstáculo, y en el nombre del Señor y sobre la base de su promesa, implorar las obras de gracia de su Espíritu!

He llevado este mensaje a casi todos los continentes. Nunca lo termino sin llamar a las personas a imaginarse un intercambio entre Zacarías y Zorobabel, en el cual el profeta llama al líder a una respuesta responsable a la directiva profética: gritar. Primero, ajusto mi petición de dar una respuesta a las palabras del texto afirmando que el texto dice lo que dice, aun si queremos diluirlo para que se ajuste a aquello que nos acomoda. Segundo, busco facilitar la respuesta de un grupo cantando: «»Maravillosa Gracia», y en su conclusión invito a los instrumentos a seguir tocando, y que cada persona grite de veras, que anuncie la gracia de Dios y la liberación de su Espíritu, disparando virtualmente las palabras a cualquier obstáculo que enfrenten en sus vidas.

Las personas hacen eso. Y han llegado testimonios desde alrededor del mundo de que mientras los que adoran honran la Palabra de verdad de Dios y rebajan su orgullo para aplicar la Palabra divina obedientemente, *las cosas suceden*.

Don Stephens, fundador de *Mercy Ships International* («Envíos de Misericordia Internacional») me ha confirmado un relato de lo que le sucedió al grupo de «Misioneros de Jóvenes con una Misión» que se quedaron casi sin comida mientras el barco hospital *Anastasio* estaba en un dique seco en Atenas hace más de veinte años.

Alguien había recibido una grabación de mi enseñanza sobre «¡Gritar Gracia! ¡Gracia!» y se la había puesto al grupo. Tras escuchar la Palabra de Dios que se enseña sobre este tema, y pese al simple, y aun humilde llamamiento a gritar, el grupo reunido oró y, mientras alababan a Dios, comenzó a gritar: «¡Gracia! ¡Gracia!».

Lo que ocurrió al día siguiente desafió la imaginación, y asombro a la comunidad de pescadores del área. Por la mañana, en las aguas alrededor del *Anastasio* comenzaron a pulular los peces. De pronto los peces comenzaron a lanzarse sobre la costa. Los misioneros bajaron por la rampa del barco y comenzaron a recoger los peces, ¡y el fenómeno continuó hasta que los congeladores estuvieron llenos! Y otra vez, los atenienses afirman que nunca habían visto nada como esto: un acontecimiento que no solo suministró comida de forma milagrosa, sino que también abrió la puerta a un testimonio por Jesucristo a aquellos del área que se maravillaban sobre lo que habían visto. La tripulación del barco les dio testimonio sobre lo que habían hecho al reclamar de Dios: «¡No por fuerza, no por poder, sino por mi Espíritu!».

La promesa, por encima de todo lo demás, es honrar a Dios, quien tiene la capacidad de actuar más allá de nuestra imaginación, de amar más allá de nuestros merecimientos, de ser fiel más allá de nuestras debilidades y lleno de gracia más allá de nuestras limitaciones. El Templo de Zorobabel se terminó para la gloria de Dios. Es un hecho de la historia. ¡La gracia produce resultados!

DECIR «AMÉN»

Otro de los principios de poder de la Biblia es el uso con discernimiento espiritual de la palabra *amén*.Utilizada con entendimiento puede ser importante tanto en la vida individual como en la vida de una congregación pues es una declaración que afirma la confianza en la dinámica del orden de Dios, su promesa y su poder.

El mal uso del «amén»

Aunque es un principio bíblico, el decir «Amén» ha caído en malos usos. En algunas tradiciones eclesiales hay quienes se deleitan en vociferar « Amén» como una manera de anunciar que están de acuerdo con algo que se ha dicho, ya sea una declaración o una afirmación o protesta; un medio de garantizar que todo el mundo sepa «de qué lado estoy». De forma peculiar, se ha usado el «Amén» de manera impropia como expresión de ira en un culto de la iglesia que por lo general ocurre cuando un pastor arremete contra alguna injusticia mundana y en un consenso enconado, un «¡amén!» autosuficiente rebota en las paredes del edificio.

Aplicación dinámica del «amén»

La palabra *Amén* se utiliza en las Escrituras más de 175 veces. Significa en esencia: «¡Es fiel!» o «¡Es verdad! El significado de la palabra y un derivado del hebreo *awman*, que la Concordancia de Strong muestra como una raíz verbal primaria que se refiere a algo que «se edifica, soporta, o se hace permanente»; de ahí la definición común que se da a la palabra en español—«que así sea».

Es entre las 25 veces en que aparece «amén» en el Antiguo Testamento que encontramos pistas para su uso en labios del pueblo de Dios. Hay cuatro propósitos primarios:

1. hacerse partícipe de un juramento;
2. confirmar el liderazgo;
3. confirmar la rectificación; y
4. confirmar la Palabra de Dios.

Hacerse partícipe de un juramento
En los libros de la Ley, Números y Deuteronomio, «Amén» se usa catorce veces, doce de las cuales tienen lugar en un pasaje, Deuteronomio 27:15-26. De forma extraña, este pasaje se relaciona con maldiciones que caerán sobre el pueblo que actúe de manera perjudicial a la comunidad. Después que se pronunciaba cada maldición, se requería que el pueblo dijera: «Amén». En una lista de bendiciones precedente, no se pedía esta respuesta. La razón probable para esto es que los seres humanos están por lo general más preparados para recibir bendiciones que para asumir responsabilidad por los fracasos, sobre todo los que afectan a otros.

Para los israelitas, había un peligro muy real de que los que transgredieran la Ley invocaran ignorancia. La declaración de «Amén» era un medio de lograr que se hicieran responsables. Al decir «Amén», se ataban a un juramento y una maldición. Dios no se deleita en este tipo de juicio, pero los hijos de Israel necesitaban estar conscientes que su desobediencia tenía repercusiones tanto para la comunidad como para ellos mismos.

Confirmar el liderazgo

En 1 Crónicas 16:36, cuando devolvieron el Arca al lugar que le correspondía en el corazón del pueblo de Dios, el rey David lee un salmo escrito por él para alabar a Dios, y entonces dice: «Y todo el pueblo respondió: «Amén» y alabó al SEÑOR». En 1 Reyes 1:36, cuando David había traspasado el poder del reino de Israel a su hijo Salomón, Benaías, uno de los líderes militares, responde: «¡Que así sea! ¡Que así lo confirme el SEÑOR, Dios de su Majestad!» En estas dos ocasiones se usa «Amén» para confirmar el liderazgo. En el primer caso, el pueblo confirma que la autoridad del Reino de Dios debe estar en medio de ellos. En el segundo caso, Benaías, como líder de los militares, confirma que él respaldará el reino de Salomón.

A través de los salmos se enseña al pueblo de Israel a decir «Amén» como parte de sus alabanzas (vea Salmos 41, 72, 89, 106). El «Amén» es una confirmación de lo que se enuncia; confirma que (a) estamos unidos y (b) apoyamos lo que el liderazgo nos llama a hacer.

Confirmar la rectificación

Utilizando su autoridad como gobernador regional, Nehemías ajusta cuentas a una cuestión de clara injusticia entre el pueblo de Dios. Algunos de los pobres entre los cautivos que regresan atraviesan por severas dificultades económicas como el resultado de la explotación de sus necesidades financieras por sus colegas judíos. En respuesta: «Toda la asamblea dijo, "¡Amén!" y alabó al SEÑOR » (Nehemías 5:13). Al decir «Amén» confirman la rectificación que les exige Nehemías.

Lo mismo ocurre en las cartas de Pablo al joven pastor Timoteo, en las cuales él utiliza la afirmación «Amén» cinco veces. Hay momentos cuando un pastor, como amante conductor, necesita corregir y guiar a las ovejas, a los miembros de su rebaño. En esas ocasiones, es importante que las personas reciban y confirmen la corrección. Decir «Amén» no es decir: «El pastor tiene la razón». Es decir: «La Palabra y los caminos de Dios son los correctos», y someterse a esa Palabra comprometiéndose a aceptarla y moverse hacia cualesquiera ajustes que sean necesarios.

(He encontrado, en las pocas ocasiones en que he hecho esto —y solo con líderes, no la congregación— que si me acerco a mi pueblo, no con acusaciones, sino con la idea de que «nosotros [no solo «ellos»] al parecer no habíamos visto o comprendido antes la cuestión», esa explicación y aplicación se aceptan, incluyendo una disposición para seguir adelante con los ajustes apropiados que se proponen para alinearse con la Palabra de Dios. También he encontrado que lo más sabio es, por adelantado, hacer que los ancianos de la congregación se aproximen conmigo a la cuestión mientras *juntos* reconocemos primero nuestra necesidad, ser los primeros en poner de manifiesto cualquier arrepentimiento o ajuste apropiado que necesitemos hacer.)

Confirmar la Palabra de Dios

En Nehemías 8:6, cuando se abrió el rollo de la Ley tras muchos años sin haberla escuchado, el pueblo expresó reverencia y la confirmó diciendo «Amén»:

> Entonces Esdras bendijo al SEÑOR,el gran Dios. Y todo el pueblo, levantando las manos, respondió: «¡Amén y amén!». Luego adoraron al SEÑOR,inclinándose hasta tocar el suelo con la frente.

Este «Amén» dice en esencia: «Lo que Dios ha establecido de su Palabra y voluntad en el cielo, declaramos que: «Así será sobre la tierra». Esto conduce a la dinámica de la práctica de los creyentes del Nuevo Testamento quienes, como parte de su culto, honran la Palabra eterna de Dios y acogen las promesas que esta contiene… en el nombre de Jesús.

Jesús y el «Amén»

En el Nuevo Testamento, la palabra *amén* aparece ciento cincuenta veces. Veinticuatro de ellas en la conclusión de un libro; solo tres libros del Nuevo Testamento no terminan con esta frase. El significado de la palabra *amén* al final de los libros de la Biblia es solo una declaración o afirmación de la verdad que contienen y, claro, su ausencia al final del libro no neutraliza nuestra creencia en la verdad que está en el libro.

Lo asombroso sobre el uso bíblico de la palabra *Amén* es que eso ocurre con mayor frecuencia en los labios de Jesús (101 veces en el Nuevo Testamento). *Amén* es la palabra griega que se ha traducido como «de cierto» o «en verdad». Aparece 25 veces solo en el evangelio de Juan, como por ejemplo, en el clásico texto de RVR 1960: «De cierto, de cierto os digo…»

En estos casos, al decir «Amén», Jesús emite una afirmación divina de la verdad de su Palabra. En esencia, dice: «Agudicen sus oídos y sensibilidades: se les ofrece una Verdad eterna y se confirma con mi presencia, la Palabra Encarnada».

Decía que la Palabra del Padre, lo que era y será para siempre establecido en el cielo, Dios mismo lo aplicaba sobre la tierra: «Y el *Verbo* se hizo hombre y habitó entre nosotros. Y hemos contemplado su gloria, la gloria que corresponde al Hijo unigénito del Padre, lleno de gracia y de verdad» (Juan 1:14, énfasis añadido).

Al decir, «Amén, Amén», Jesús afirma la divinidad, la autoridad y el poderío de la Palabra de Dios, y con esto volvemos al punto inicial del tema del «Amén»: que en la persona de Jesús, tenemos la confirmación de la fiabilidad de todas las promesas de Dios: «Todas las promesas que ha hecho Dios son «sí» en Cristo. Así que por medio de Cristo respondemos «amén» para la gloria de Dios» (2 Corintios 1:20).

Todas las promesas de Dios se canalizan a través de un vehículo: la Persona de Jesús, quien se llama a sí mismo el «Amén» (vea Apocalipsis 3:14). El es la encarnación de la Palabra de Dios; la confirmación de la voluntad y los propósitos de Dios sobre la tierra. Él es «el camino, la verdad, y la vida» (Juan 14:6). «En él habita corporalmente toda la plenitud de la Deidad» (Colosenses 2:9, RVR 1960) y lo que la Deidad tiene que decir. La Palabra se ha revelado a través de él.

Todas las promesas de la Biblia —ya sea en el Antiguo Testamento o en el Nuevo Testamento— se confirman en Jesús. Dios se hizo carne y habitó entre nosotros a fin de que todas sus promesas puedan realizarse en la carne. Él quiere que veamos en Jesús la personificación de su amable deseo para hacer que su Palabra —su Vida— surja donde están las personas, y en y a través de en quien nos convirtamos cada uno. Quiere encarnar no solo la verdad de su Palabra en nosotros, sino la mera persona de su Hijo.

El Divino «Amén» de la Confirmación

Cuando Jesús llegó predicando: «El Reino de Dios está cerca», decía que la voluntad de Dios y el gobierno de Dios son para aquí y ahora, y que estaba aquí para confirmarlo. Hoy en la Iglesia viviente, el Señor dice, en efecto; «Si predican mi Palabra, la honraré. Si proclaman mi Palabra, la confirmaré por el obrar de mi Santo Espíritu». En breve, él dice; «Si ustedes proclamaran mi Palabra, ante ello yo diría "¡Amén"!

Esto es precisamente lo que dice Marcos 16:20: «Los discípulos salieron y predicaron por todas partes, y el Señor los ayudaba en la obra *y confirmaba su palabra* con las señales que

la acompañaban» (énfasis añadido). Y con eso el libro con-
cluye: «*Amén* » (RVR 1960, énfasis añadido).

Algunos pueden verlo como una opinión personal, pero
yo aseveraría que:

- como Jesús utiliza con tanta frecuencia el «Amén»,
- como ninguna palabra de la Palabra de Dios debe trivia-
  lizarse a través de un uso sin sentido;
- ya que todas las promesas de Dios están refrendadas por
  un «Amén» en el propio Cristo; y
- puesto que, por último, Jesús se llama a sí mismo «el
  Amén, el testigo fiel y veraz» (Apocalipsis 3:14)…

…el *Amén* no es una palabra ordinaria que se debe tirar a un
lado ya sea por mero hábito o como un grito especialidad de
un miembro o dos. Tampoco merece ser entonada de forma
pasiva al final de las oraciones durante un servicio de adoración, como si señalaran: «Fin». En cualquier momento que una
congregación se afirme en la Palabra de Dios, cuando quiera
un individuo se apoye en la verdad de Dios y funcione según
su promesa, se crea un espacio para que el Espíritu Santo se
mueva y active el propósito del Padre revelado en su Palabra.

El que hizo surgir mundos con su palabra, iniciando el proceso creador, es Aquél que se hizo carne y habitó entre nosotros. Dios no solo nos ha dado cartas sobre un folio, sino
colocado su Palabra viva en nuestros corazones, engendrada
por el Espíritu Santo, para que podamos divulgar la Palabra en
el nombre de Aquél que es la Palabra hecha carne, el Amén.

«Amén» es el establecimiento de la Palabra viviente de
Dios en la arena de la empresa y experiencia humanas para
la gloria de Jesucristo. En Jesús se cumple la afirmación del
poder y el gobierno de Dios, y cuando pronunciamos el
«Amén» invitamos ese gobierno a entrar en nuestras vidas,
nuestras circunstancias y nuestro mundo.

TERCERA PARTE

EN POS DE
LA ADORACIÓN

Saludo a la Cruz

Venga conmigo a la colina del Calvario, Venga a la Cruz.
Venga y límpiese en la fuente del Calvario, Venga a la Cruz.
Al lugar donde Cristo murió por nosotros,
Donde pagó un precio de sangre por nosotros,
Venga y eleve este gozoso coro, Venga a la Cruz.
Alabe al Cordero que sangró y murió allí, Allí en la Cruz.
Jesús fue crucificado allí, Allí en la Cruz.
Por medio de su sangre, esa señal carmesí,
Todo el poder del infierno se ha quebrado;
«Se terminó», se ha anunciado, Allí en la Cruz.
Aquí hay motivo para regocijarse, Aquí en la Cruz.
Campos para articular las más elevadas alabanzas,
    Aquí en la Cruz.
Aquí segó Jesús la maldición del pecado,
Aquí nos compró vida para siempre;
Aquí nos guardará y nunca nos abandonará, Aquí en la Cruz.
Aquí está el eterno tesoro celestial: Dios planificó la Cruz.
Riquezas y amor sin fin, Dios planificó la Cruz.
Como su Hijo sangró y murió allí;
Toda mi esperanza de vida está atada allí;
Porque Dios dice que allí soy justificado, Dios planificó
    la Cruz.
Jesús nos salva y nos sana a todos a través de la Cruz.
Por el poder de la redención él nos sella, A todos a través de
    la Cruz.
A raíz del pecado humano,
Jesús trajo un nuevo comienzo;
Con su muerte conquistó esta promesa, Todo a través de
    la Cruz.
Por la Cruz se nos perdona, Salude la Cruz.
Por la Cruz entramos al cielo, Salude la Cruz.
Por medio del amor y la maravillosa gracia de Dios,
Nos uniremos en alabanzas sin fin;
De ahí este himno que ahora elevamos, Salude la Cruz.

J. W. H.

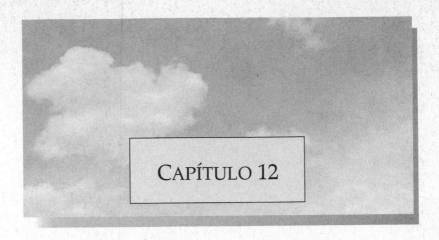

CAPÍTULO 12

Desarrollar un estilo de vida de adoración

El sacrificio de la adoración

Así que ofrezcamos de continuo a Dios, por medio de Jesucristo, un sacrificio de alabanza, es decir, el fruto de los labios que confiesan su nombre.

Hebreos 13:15

El común denominador de las personas de fe destacadas de la Biblia es que cada una de ellas soportó temporadas de dificultades y tensiones, justo como usted y yo. Cada uno de nosotros es, a veces, vulnerable a la tentación de dudar que podamos realizar esas esperanzas y propósitos que el Padre Dios pretende para nosotros. A pesar de nuestra confianza en la promesa de que la intención de Dios es darnos «un futuro y una esperanza» (Jeremías 29:11), hay ocasiones cuando la duda y la incertidumbre desafían a gente de fe genuina sobre nuestras propias limitaciones.

Abraham fue un hombre que no se distinguía de ninguna forma de usted y de mí a ese respecto.

Él creyó que Dios era fiel, pero está claro —aunque no es reconfortante— que vemos momentos cuando se desalentó por el hecho de que las bendiciones que entendió que formaban parte del propósito y el llamado de Dios todavía no se habían cumplido. Notable a este respecto es el intercambio entre Dios y Abraham en Génesis 15:1, cuando el Señor dice: «No temas Abram, yo soy tu escudo, y muy grande será tu recompensa».

¿Quién no se descorazonaría viendo el temor y la frustración de Abraham? Éste responde preguntándole a Dios cómo podían reconciliarse las circunstancias que estaban viviendo con la promesa que les había hecho. Dios le prometió que sus descendientes serían tan incontables como el polvo de la tierra (Génesis 13:16); la respuesta de Abraham es descorazonadora y alicaída: «SEÑOR y Dios, ¿para qué vas a darme algo, si aún sigo sin tener hijos?» (Génesis 15:2). La conversación es breve, pero una confirmación y más clara comprensión de todo el cuadro le llega a Abraham.

El Señor le dice que salga y mire *hacia el cielo* para que vea que su poder creador era infinitamente mayor que todas las nociones de Abraham. La certidumbre de que el hijo prometido no vendría por medios naturales sino a través de una milagrosa recapacitación de los envejecidos cuerpos de Abraham y Sara. Entonces —y qué esencial es esto— el Señor lo orienta a *edificar otro altar.*En lo adelante, será ante ese altar donde Dios reafirmará su pacto a Abraham.

CUANDO SU VIDA ESTÉ EN PELIGRO, MIRE ARRIBA

Cuando Abraham afirmó que no tenía heredero, ello significaba que el futuro de su familia, sin mencionar su comprensión y su fe en la promesa de Dios, estaba en peligro. Cualquiera puede sentir la tensión de una situación como esa. Todos hemos formulado la pregunta en un momento u otro: ¿Cuándo el propósito de Dios para mi vida va a crecer, multiplicarse o encontrar alguna certidumbre de permanencia o perspectiva de futuro?

Cuando Dios lleva a Abraham afuera, una lección eterna se desprende para todos nosotros, luz que resplandece desde el esplendor maravilloso que nos rodea. Él habla: «Mira hacia el cielo y cuenta las estrellas, a ver si puedes. ¡Así de numerosa será tu descendencia!» (Génesis 15:5).

El mensaje está resplandecientemente claro. Las innumerables estrellas del cielo demostraban la infinita capacidad de Dios para crear. En breve, cuando usted siente que llega al punto en que el miedo vaticina que su «vida» no tiene futuro, *mire al cielo* … entonces *edifique un altar*.Así como hay grandes lecciones cuando Dios le muestra las estrellas, hay determinadas lecciones cuando usted se arrodilla para edificar un altar en su presencia.

LA MANERA DE EDIFICAR UN ALTAR

Para comenzar, los altares se suelen edificar con cosas rotas.

Los altares antiguos se edificaban con rocas y piedras, que instigan a reflexionar sobre el proceso geológico que las hicieron surgir. Cuarteadas bajo la presión del calor o el frío, o los remanentes hechos añicos de explosiones volcánicas o violentos terremotos, las rocas son «cosas duras» que encontramos, pequeñas partes de los más amplios escollos que encierra todo un planeta.

La vida tiene sus convulsiones «volcánicas» cuando las relaciones se sobrecalientan y se marchitan, o cuando la frialdad del rechazo aguijonea nuestros corazones. Acontecimientos sísmicos circunstanciales rechinan sobre y alrededor de nosotros, dejando una secuela de destrozos a su paso y levantando una pared de dudas ante nosotros. Lo que hacemos entonces se convierte en algo decisivo. Podemos arrastrar el desaliento, el resentimiento o las heridas que nos rodean, y agobiarnos con el peso de estas cosas parecidas a rocas. Aún peor, podemos vengarnos: volvernos locos y lanzarle esas cosas a alguna otra persona.

O podemos hacer lo que Dios le dijo a Abraham que hiciera.

Podemos juntar todas esas cosas duras y rotas y presentarlas delante del Señor y edificar un altar para adorar al único que sostiene nuestras vidas y nuestras mañanas, ¡y que nunca olvida su promesa!

EL SACRIFICIO SIEMPRE OCURRE EN UN ALTAR

El Señor instruyó a Abraham a sacrificar las vidas de tres animales y dos aves en el altar, una acción que es fundamental en todo sacrificio: Derramar sangre representa derramar la *vida* delante de Dios (vea Génesis 15:8-10).

Por supuesto, lo importante de esta lección es la imagen que todo el Antiguo Testamento provee de Cristo, nuestro Salvador. En su muerte, Jesús perfeccionó el sistema de sacrificios del Antiguo Testamento. Él es la sangre que una vez se derramó por todos en nuestro beneficio, el Cordero de Dios que quita el pecado del mundo (vea Juan 1:29). En él, se nos llama a derramar nuestras vidas en un sacrificio sin sangre de adoración, a ofrecer nuestros cuerpos, así como nuestras mentes y espíritus, como un sacrificio *vivo* (vea Romanos 12:1).

A esa luz, captamos el concepto del Antiguo Testamento: Adorar a Dios nos llama en última instancia al sacrificio de nosotros mismos. Ya sea con el corazón «duro» y «quebrantado» con el que luchemos, o la rendición de todo lo que el llamado y el propósito de Dios para nuestra vida reclama, la adoración nos llama al altar del sacrificio. Y una vez allí, encontraremos aún otro requerimiento: ver que el sacrificio esté asegurado.

VIGILE LAS AVES DE RAPIÑA

Después de que Abraham depositó el sacrificio de animales y aves, descendieron las aves de rapiña sobre los cuerpos, y Abraham tuvo que espantarlas (Génesis 15:11). Como las aves de rapiña, nuestros adversarios o nuestra carne se rebelan contra una rendición completa. Todo argumento imaginable se invocará contra nuestro «servicio razonable»; o las circunstancias pueden parecer que se interponen para robarnos nuestra determinación. En todo caso, cuando algo así ocurre, como Abraham, usted y yo tendremos que levantarnos, resistir y espantar las aves de rapiña.

EL SEÑOR GUARDA SUS PROMESAS

No necesitamos temer a una rendición completa cuando nos entregamos al Señor. Dios prometió a Abraham que él sería su «escudo», promesa que nos hace a nosotros también.

Lo que Dios había planeado para Abraham tenía consecuencias mucho más amplias que llegar a ser el padre de un niño. Después que Abraham espantó las aves de rapiña del sacrificio que había hecho ante el altar, el Señor le mostró lo que sucedería cuatro siglos más tarde al pueblo que él procrearía:

Al anochecer, Abram cayó en un profundo sueño, y lo envolvió una oscuridad aterradora. El SEÑOR le dijo: «Debes saber que tus descendientes vivirán como extranjeros en tierra extraña, donde serán esclavizados y maltratados durante cuatrocientos años. Pero yo castigaré a la nación que los esclavizará, y luego tus descendientes saldrán en libertad y con grandes riquezas. Tú, en cambio, te reunirás en paz con tus antepasados, y te enterrarán cuando ya seas muy anciano. Cuatro generaciones después tus descendientes volverán a este lugar, porque antes de eso no habrá llegado al colmo la iniquidad de los amorreos».

Génesis 15:12-16

El Señor le deja saber a Abraham que lo que planea hacer en su vida va a ejercer impacto sobre generaciones posteriores a él. ¿Olvidaría el Señor a esas futuras generaciones olvidando a Abraham? Podemos deducir de esto que el Señor guardará sus promesas hacia nosotros no solo porque nos ama, sino porque sus futuras promesas dependen de ello.

En medio del temor y la incapacidad de Abraham de ver más allá del momento, la Biblia dice que Dios le envió su llama divina para que proyectara luz sobre la situación, «un horno humeando y una antorcha de fuego», y que en «aquel día» el Señor hizo un pacto con él:

Y sucedió que puesto el sol, y ya oscurecido, se veía un horno humeando, y una antorcha de fuego que pasaba por entre los animales divididos. En aquel día hizo Jehová un pacto con Abram, diciendo: A tu descendencia daré esta tierra, desde el río de Egipto hasta el río grande, el río Éufrates».

Génesis 15:17-18

Pese a lo incierto que parezca el mañana, en esta lección de la vida de Abraham, podemos escuchar que el Señor nos dice: «Edifiquen altares de adoración y ríndanse, ofréndese a sí mismo, sus miedos, sus dudas, sus frustraciones como "sacrificios vivos"». Mientras lo hacemos, Dios traerá luz a nuestras tinieblas, renovará la confianza de su pacto con nosotros, y nos confirmará que no se ha olvidado su promesa y que de seguro se cumplirá.

La gente de fe ofrece el sacrificio de la adoración

Más allá de cada imagen del Antiguo Testamento, el Nuevo Testamento nos llama a la seguridad eterna del pacto que tenemos con Dios a través del supremo altar del Calvario y el sacrificio final hecho en la Persona de Jesús (vea Hebreos 13:10-15). La gloria de esta realidad nos llama, más que a la solución de nuestras dudas y temores, al establecimiento de un estilo de vida de adoración: «Por consiguiente por medio de él ofrezcamos de continuo el sacrificio de alabanza a Dios, esto es, el fruto de nuestros labios, dando gracias a su nombre» para la edificación de una «casa de adoración» enmarcada en el lugar donde vivimos.

El plano y los materiales para una construcción como pueden encontrarse en el rico legado del libro de Salmos, mientras las verdades inalterables de Dios sobre la adoración fluyen de sus páginas. Las exhortaciones de David que llaman al antiguo Israel a alabar y adorar al Señor eran las mismas orientaciones que se aplican mientras los creyentes del Nuevo Testamento aprenden a adorar. Los principios son eternos, y el llamado a un orden davídico de humildad, confesión y arrepentimiento, ingenuidad y apertura del corazón ante el Señor es aleccionador a la hora de edificar una congregación o la vida de adoración de un individuo.

Edifique una casa de adoración donde usted vive

«Que cada uno de ustedes… ofrezca su cuerpo como sacrificio vivo» —el llamado del apóstol Pablo a adorar (Romanos 12:1)— nos convoca a iniciar un franco estilo de adoración privado, práctico y personal; a hacer de su casa un centro de adoración. Cualquiera que sea su condición familiar —ya sea que tenga una familia, esposa o esposo creyente, viva solo o sea un padre soltero—, el elemento clave está en su propia respuesta personal al llamado de Dios.

Este no es un llamado a edificar un altar o forjar la estructura de una capilla privada. «Edificar» es la presentación de nuestro cuerpo, o voz, o corazón o nuestra plena disposición a Dios, su presencia y su Palabra. Aquí hay algunas indicaciones:

- Arrodíllese. «Vengan, postrémonos reverentes, doblemos la rodilla ante el SEÑOR nuestro Hacedor» (Salmo 95:6). Arrodillarse es un reconocimiento de la sumisión; una manera de traer cualquier cosa al dominio de Cristo. He cultivado el hábito de arrodillarme en adoración al Señor cuando me levanto cada mañana, afirmando que él es quien gobierna a mi hogar, mi vida y mi familia. Hacer una proclamación «matutina» de Jesucristo invita y le da la bienvenida a su presencia en mi día.

- Cante. «Vengan, cantemos con júbilo al SEÑOR ; aclamemos a la roca de nuestra salvación» (Salmo 95:1). Adorar cantando al Señor libera alegría. Ello refresca y renueva el flujo del Espíritu del Señor en y por medio de nuestras vidas. Cualquiera que sea la calidad de su voz, usted será bendecido cuando cante las alabanzas de Dios tanto en estaciones abundantes como desérticas.

- Invite a Dios a la cena. «¡Prorrumpa mi boca en alabanzas al Señor! (Salmo 145:21). Cuando una familia está en armonía en el Señor, esto puede ser una bella porción de su conversación a la mesa. No cree una atmósfera de forzada y pomposa piedad, sino busque los temas agradables —aun graciosos— para enseñar y ministrar a sus hijos, permitiendo que cada persona tenga una parte, y comparta temas de alabanza sobre «lo que Jesús hace en mi vida».

- Ore… mientras se alimenta de la Palabra. «Porque donde dos o tres se reúnen en mi nombre, allí estoy yo en medio de ellos» (Mateo 18:20). Junto con las devociones privadas, ore en unión de su esposa, familia u otros en su hogar, invitando a todos a compartir las solicitudes de oración. Haga de esto un tiempo de libertad y franqueza. De vez en cuando pronuncie en voz alta la creadora Palabra de Dios en su hogar.

- Hable en su lenguaje espiritual. «¿Qué debo hacer entonces? Pues orar con el espíritu, pero también con el entendimiento; cantar con el espíritu, pero también con el entendimiento» (1 Corintios 14:15). Nuestra alabanza va más allá de toda limitación humana cuando adoramos al Señor, tanto con lo mejor de nuestro entendimiento como cuando proclamamos sus bondades, y con la más amplia capacidad que el Espíritu Santo da a nuestras palabras cuando agotamos sus posibilidades, diciendo con Charles Wesley: «¡Oh, para cantar [o proclamar] con mil lenguas la alabanza de mi gran Redentor!».

- Tome la Comunión. «Hagan esto en memoria de mí» (1 Corintios 11:24; vea los vv. 24-26). Cuando celebramos la Comunión, celebramos el mayor de los altares: la cruz del Calvario sobre la cual el Hijo de Dios fue puesto como el sacrificio para reconciliar a toda la humanidad con Dios. Es perfectamente bíblico y apropiado dejar que su casa sea un lugar donde el testimonio de lo que Jesús logró con su muerte y resurrección se eleve de esta manera. Esto, por supuesto, no es un sustituto de la adoración colectiva con la congregación, sino es para proclamar también en su hogar el pacto del Calvario.

LA GENTE DE FE ES GENTE QUE ADORA

Nunca cometa el error de suponer que una persona de fe es alguien que ha encontrado la clave de la vida y que todo lo que esa persona toca se convierte en oro. Eso no es lo que constituye la prueba de una persona de fe. No hay nadie así en el mundo. Lo que hace a las personas de fe es cómo actúan ante las pruebas: Cuando sus vidas están en peligro, las personas de fe adoran. A Abraham se le llama «padre de los fieles» porque en cada encuentro, trajo sus dificultades, y las depositó delante del Señor y ofreció el sacrificio de adoración. Su sendero de altares y adoración marcan un camino para aquellos de nosotros que buscamos convertirnos en personas de fe.

Cuando su vida esté en peligro, concéntrese en adorar y *mire hacia el cielo* ; aparte sus ojos de sus circunstancias y vuélvalos a él. Acérquese a Jesús de la misma manera que Abraham se acercó a un altar: desconcertado, frustrado, tambaleante, con dudas pero todavía creyendo. Edifique un altar con sus quebrantos; entréguese por completo y adore a Dios allí; y entonces escúchele hablarle en medio de esa situación.

En respuesta, él derrama su gloria sobre usted cuando usted adora, y devuelve en bendiciones lo que usted ha ofrecido en devota adoración, como declara en extremo triunfante el salmista:

Convertiste mi lamento en danza;
me quitaste la ropa de luto y me vestiste de fiesta,
para que te cante y te glorifique, y no me quede callado.
¡SEÑOR,mi Dios, siempre te daré gracias!

Salmo 30:11-12

CAPÍTULO 13

Los muebles del tabernáculo

El modelo para la adoración

¡Cuán hermosas son tus moradas,
SEÑOR Todopoderoso!

Salmo 84:1

En los últimos ocho años me he reunido con un contingente de 35-45 diferentes pastores durante toda una semana cada mes. La amplia gama de desafíos pastorales y cuestiones ministeriales que cubrimos incluyen, como supondría cualquiera, un componente sobre «la congregación que adora». En esa porción mi intercambio con esos líderes experimentados —muchos de los cuales han estado en el ministerio por más de veinte años— siempre me ha sorprendido la respuesta que recibo cuando pregunto: «¿Qué pasó en el Monte Sinaí?».

Por lo general, esta pregunta está precedida por una presentación de media hora que hago sobre el llamado de Dios a Moisés: «Cuando hayas sacado de Egipto a mi pueblo, todos ustedes me rendirán culto [servirán] en esta montaña» (Éxodo 3:12). Tras haber comentado sobre el milagroso encuentro con Dios en la zarza ardiente, y el subsiguiente esbozo por Dios de su intención de liberar a Israel de la esclavitud y conducirlos a sus propósitos de gracia y abundancia para ellos, el llamado a adorar en el Sinaí se convierte en lo más notable. En esencia, Dios decía: «¡El camino para realizar mis propósitos es aprender a adorar!». Lo más notable de todo es que, a la luz de 1 Corintios 10, de manera específica señala que las experiencias de Israel en este momento de su historia debían servir de enseñanza y ser aplicadas por los creyentes de la Iglesia del Nuevo Testamento. Esto es, para decirlo de nuevo» «¡El camino para realizar los propósitos de Dios en nuestra vida es aprender a adorar!».

Ese es el punto donde formulo la pregunta: «¿Qué sucedió en el Sinaí?».

Las primeras respuestas siempre son predecibles: «Dios dio los Diez Mandamientos». «Tuvo lugar el episodio del becerro de oro». «La tablas se rompieron y se necesitaba un nuevo conjunto de mandamientos». Y las propuestas continúan… ¡Y entre los miles de buenos líderes conocedores de la Biblia que se me habían unido en la Escuela JWH de Edificación Pastoral, solo uno ha mencionado, con inmediatez virtual, la construcción de un Tabernáculo!

La adoración y la Palabra

Ya sea que la mención venga de un participante de la clase o de mí parte, al hacerla por último yo mismo, dibujo un simple diagrama sobre la pizarra:

Las Tablas	La Palabra	La Ley
El Tabernáculo	Su Culto	La Liturgia

Los detalles que Dios dio a Moisés para el culto de Israel, en su mayor parte, se han sobrepasado o cumplido hoy. Cristo, en su vida como Cordero sin pecado, en su muerte como el sustituto en el sacrificio, en su ministerio como nuestro Sumo Sacerdote —en su belleza y perfección como el Santo que Consuma todas las cosas— ha *completado* la obra redentora que ahora permite un compañerismo con Dios a cada pecador arrepentido. ¡Aleluya!

Aún así, la Biblia —de manera notable, a lo largo del libro de Hebreos— dice muy claro que lecciones de adoración están a aún a la espera de quien viene al Tabernáculo a ver sus magnificentes y proféticas «fotografías» de Cristo y de nuestro culto. La Palabra de Dios, la Pieza Central de nuestra adoración, ofrece descripción tras descripción de nuestra relación con Jesús y su adoración aquí como la Persona Central de nuestro culto. Y ese hecho establece la total legitimidad de nuestro estudio sobre el equipamiento del Tabernáculo; al ver el despliegue de la belleza de Jesucristo mientras cada objeto que se emplea en el culto nos lleva a amarlo y alabarlo más. De ese modo, aquí, sobre esta montaña, donde Dios anunciaría su Palabra por primera vez, se nos conduce a balancear *la adoración y la Palabra* en nuestra vida, en lo personal y como congregación. Aquí, mientras se despliega el culto ante los israelitas y se les instruye sobre su pureza y poder, Dios les enseña cómo andar en sus caminos. No solo comenzarían a aprender a cómo vivir como el pueblo de la promesa, como hombres y mujeres libres, sino también aprenderían en breve que tanto *su destino* como *sus objetivos* solo podrían realizarse a cabalidad de esa manera.

Si ahora ustedes me son del todo obedientes, y cumplen mi pacto, serán mi propiedad exclusiva entre todas las naciones. Aunque toda la tierra me pertenece, ustedes serán para mí un reino de sacerdotes y una nación santa».

Éxodo 19:5-6

Vital para el cumplimiento del objetivo de Dios era la obediencia a su Palabra y una correcta relación con sus caminos. Como los hijos de Israel, a usted y a mí, como antiguos esclavos ahora liberados de la esclavitud del pecado y el cautiverio por Jesucristo nuestro Salvador, se nos da la bienvenida para que aprendamos el sacerdocio ministerial de la adoración como una senda de crecimiento y de profundizar nuestra resolución (vea 1 Pedro 2—3). Es este ministerio, el de la adoración, el que crea el entorno en el que crecemos para ser asociados en el gobierno y el ministerio del Reino de Dios hacia el mundo que nos rodea. Por eso, los ángeles, los ancianos y los seres vivientes declaran nuestro destino como esclavos redimidos, y se nos llama a adorar en el entendimiento de que, por consiguiente, a nosotros, como meros humanos, se nos restituye a un sitio de compañerismo funcional con el Dios Todopoderoso en la administración de temas vitales en el mundo en que vivimos día a día.

«Digno eres de recibir el rollo escrito y de romper sus sellos, porque fuiste sacrificado, y con tu sangre compraste para Dios gente de toda raza, lengua, pueblo y nación. … Los hiciste sacerdotes al servicio de nuestro Dios, y reinarán sobre la tierra».

Apocalipsis 5:9-10

Y así como hay un *propósito* en nuestra adoración —la entrada a la gloria de Dios y la restauración de nuestro compañerismo con él en el gobierno de la tierra— también hay un *modelo*. En el Monte Sinaí, el Señor proveyó a los israelitas especificaciones explícitas sobre cómo edificar el lugar donde, al invitarlos a adorar, él se encontraría con ellos, el Tabernáculo. Cuatro veces en los preparativos para edificar el Tabernáculo, el Señor hizo énfasis en que éste debía construirse de acuerdo con un modelo:

> El SEÑOR habló con Moisés y le dijo: «Ordénales a los israelitas que me traigan una ofrenda… después me harán un santuario, para que yo habite con ustedes. El santuario y todo su mobiliario deberán ser una réplica exacta del modelo que yo te mostraré».
>
> Éxodo 25:1, 8-9

En cada artículo y mueble del Tabernáculo, hay una lección que se debe aprender y una imagen de Jesús se debe observar.

EL TABERNÁCULO

El Tabernáculo en tiempos de Israel era una tienda de campaña, una habitación temporal en el desierto. De hecho, la palabra *tabernáculo* significa «tienda». El pueblo de Israel se trasladaba a cada rato, y necesitaba una estructura que pudiera viajar con ellos. La lección para los antiguos esclavos que aprendían a caminar con Dios era de que por medio de su adoración, podían invitar a la gloria de Dios a estar en medio de ellos.

En la Persona de su Hijo, Jesús, Dios se hizo carne y «acampó» entre nosotros. Para su redimida «nación de sacerdotes» el tabernáculo ya no está encerrado dentro de un edificio o una tienda. El Señor quiere encontrarnos y habitar con cada uno de nosotros dondequiera que estemos: «Oí una potente voz que provenía del trono y decía: «¡Aquí, entre los seres humanos, está la morada de Dios! El acampará en medio de ellos y será su Dios…» (Apocalipsis, 21:3).

EL ALTAR DE BRONCE

El altar de bronce cerca de la entrada del Tabernáculo era donde tenía lugar el sacrificio. El que adoraba traía un animal para ser sacrificado, el cual representaba el pago por su propio pecado. Dios aceptaba un sacrificio como sustituto a fin de que los pecados del que adoraba pudieran ser perdonados y él continuara con vida y lo adorara.

Ofrecer el sacrificio era una profunda experiencia personal. Al colocar sus manos sobre la cabeza del animal, el que adoraba reconocía que se sacrificaba el animal en su lugar. La sangre que éste derramaba caía en un bacín, y el Día de la Expiación, o Yom Kipur, el sumo sacerdote llevaba la sangre al «lugar santísimo», una habitación sagrada separada del Tabernáculo principal por un velo. Solo se permitía al sumo sacerdote entrar al Lugar Santísimo, lo que es una descripción clásica del hecho de que solo cuando nos identificamos con Cristo —el último y definitivo sacrificio— podemos entrar a la presencia de Dios (vea Juan 14:6).

EL LAVAMANOS

El lavamanos era una fuente gigantesca en la cual todo el que iba a adorar se lavaba para purificarse. La purificación era un reconocimiento de que la adoración no solo reclama un sacrificio sustitutivo. Así como en tiempos de Moisés Dios llamaba a quienes lo adoraban a lavarse en el lavamanos de bronce, a nosotros se nos convoca a buscar la presencia divina en la adoración, como hacemos, y el Señor señala el camino hacia una limpieza liberadora, no solo de la culpa del pecado sino de sus residuos, liberados de sus incrustaciones en nuestras vidas, y que se desprenden de todo lo que mancha el recuerdo que la culpa o la vergüenza introduce de manera implacable en la psiquis humana. Así como se nos llama a venir, se nos da una promesa: «Si confesamos nuestros pecados, Dios, que es fiel y justo, nos los perdonará y nos limpiará de toda maldad» (1 Juan 1:9). Se nos asegura que se nos puede limpiar de pasadas vergüenzas:

> La sangre de los machos cabríos y de toros, y las cenizas de una novilla rociadas sobre personas impuras, las santifican de modo que quedan limpias por fuera. Si esto es así, ¡cuánto más la sangre de Cristo, quien por medio del Espíritu eterno se ofreció sin mancha a Dios, purificará nuestra conciencia de las obras que conducen a la muerte, a fin de que sirvamos al Dios viviente!
>
> Hebreos 9: 13-14

El antiguo ritual de lavarse con «las cenizas de una novilla» era una de las imágenes que ordenó Dios para decir que, así como la limpieza se facilitaba en el lavamanos, hoy hay una limpieza en respuesta a las manchas de impurezas del pecado que, aunque perdonadas, se recuerdan.

LA MESA PARA EL PAN DE LA PRESENCIA Y EL CANDELABRO

Una vez dentro del Tabernáculo, el que adora viene a la mesa donde están dispuestos los panes llamados de la presencia. Este pan lo comía el sacerdote, quien entendía que al hacerlo, se alimentaba con algo más que el propio pan. Se enseñaba el misterio de la necesidad humana de alimentación espiritual: «No sólo de pan vive el hombre, sino de todo lo que sale de la boca del SEÑOR» (Deuteronomio 8:3).

Aún más, el pan de la presencia representa la Palabra de Dios. Jesús, quien es la Palabra que «se hizo carne y habitó entre nosotros (Juan 1:14), fue aún más lejos. Se refirió a sí mismo como «el pan de vida»(Juan 6:35), y presentó su propio cuerpo como el «pan de vida», el único que puede salvar así como también satisfacer. En la edificación de una vida de adoración, la progresión del culto que se refleja en este equipamiento del Tabernáculo debe aprenderse y aplicarse: venir en alabanza a Dios por el sacrificio hecho por nosotros; pedirle al Señor que purifique nuestras vidas; entonces abrir y alimentarnos de la Palabra de Dios en espíritu y en verdad.

Junto a la mesa donde se colocaba el pan de la presencia había un candelabro, una bella imagen perdurable de la iluminación que nos trae el Espíritu Santo por medio de la Palabra y de su voz. El salmista declara la palabra del Espíritu para nosotros en un *precepto* (las Escrituras): «Tu palabra es una lámpara a mis pies, es una luz en mi sendero» (Salmo 119:105). El profeta Isaías equipara esto con la palabra del Espíritu hacia nosotros *en advertencias* (su voz correctiva): «Ya sea que te desvíes a la derecha o a la izquierda, tus oídos percibirán… una voz que te dirá: «Este es el camino; síguelo» (Isaías 30:21). De esta manera honramos el deseo del Salvador de no sólo nutrirnos por medio de su Palabra, y alimentar nuestro entendimiento, sino también de obedecer la voz interior de su Espíritu, que nos urge a hacer de la Palabra de Dios una *luz* para nuestras vidas («una lámpara a mis pies») y una guía para nuestro andar con él («una luz en mi sendero»).

EL ALTAR DEL INCIENSO

Un incienso especial, preparado de acuerdo con instrucciones específicas dadas por el Señor, se quemaba en este altar.

Tenía un aroma suave y maravilloso y no debía utilizarse con otro propósito que el de adorar al Señor.

Para el creyente del Nuevo Testamento, esto se adapta de manera maravillosa a la vida práctica y la adoración llena del Espíritu:

- *Por nuestro testimonio y constante fidelidad ante el mundo* : «Porque para Dios nosotros somos el aroma de Cristo entre los que se salvan y entre los que se pierden. Para éstos somos olor de muerte que los lleva a la muerte; para aquellos, olor de vida que los lleva a la vida» (2 Corintios 2:15-16).

- *Por nuestros fieles aportes y apoyo al ministerio del Evangelio* : Pablo expresa su gratitud a los filipenses por su apoyo económico, diciendo: «Lo que me enviaron… es una ofrenda fragante, un sacrificio que Dios acepta con agrado» (Filipenses 4:18).

- *Por nuestras oraciones e intercesión delante de Dios,* un digno sacrificio de adoración viene delante del trono divino unido a una nube de incienso… aun en nuestros días: «Se acercó otro ángel y se puso de pie frente al altar. Tenía el incensario de oro, y se le entregó mucho incienso para ofrecerlo, junto con las oraciones de todo el pueblo de Dios. Y junto con las oraciones, subió el humo del incienso… hasta la presencia de Dios» (Apocalipsis 8:3, 4).

- *Por medio de una conmovedora ilustración del sacrificio de adoración* ofrecido por María, la hermana de Lázaro y Marta. Jesús alabó el sacrificio de esta cuando la fragancia de un caro perfume llenó la casa, sugiriendo que la manera en que el sacerdocio ministerial de adoración del Nuevo Testamento puede penetrar lo invisible, como el aroma —en este caso no de una mixtura humana sino celestial— que hacen flotar en su presencia el corazón de las almas humildes que ofrecen un sacrificio a Dios (vea Juan 12:3).

El altar del incienso apunta a esa bella devoción que Dios busca: un tesoro de amor y adoración reservado para él mismo y sólo para él. El deseo divino de hacernos regresar a él a través de Cristo se manifiesta con una profundidad aun mayor cuando su llamado a adorar nos convoca a una tierna intimidad y honda devoción que se descubre en el lugar donde presentamos todo nuestro ser a él sin reservas y de todo corazón.

EL VELO

El velo separaba el Lugar Santísimo —la habitación más sagrada del Tabernáculo— del resto del área de adoración. Nadie podía traspasar el velo excepto el sumo sacerdote al que le estaba permitido entrar a este reverenciado lugar una vez al año para ofrecer un sacrificio de sangre en la fiesta del Yom Kipur.

Este aspecto de la adoración cambió cuando la lanza hirió el costado de Jesús mientras colgaba en la cruz, haciendo que manara sangre y agua. Fue en ese momento cuando tuvo lugar el último sacrificio de sangre en favor nuestro. La Biblia dice que cuando Jesús exhaló el último suspiro y entregó su espíritu «el velo del templo se rasgo en dos, de arriba a abajo» (RVR 1960); no a causa de manos humanas sino del propio Dios (Mateo 27:50-51).

Al hacer eso, Dios el Padre hizo su propia declaración desde el cielo de que él había abierto la puerta del Lugar Santísimo. A causa de la obra y las palabras de Jesús —«Consumado es»— tenemos estas promesas:

- «ya que en Jesús, el Hijo de Dios, tenemos un gran sumo sacerdote que ha atravesado los cielo, aferrémonos a la fe que profesamos» (Hebreos 4:14).

- «Porque no tenemos un sumo sacerdote incapaz de compadecerse de nuestras debilidades… Así que acerquémonos confiadamente al trono de la gracia para recibir misericordia y hallar la gracia que nos ayude en el momento que más lo necesitemos» (Hebreos 4:15-16).

«Tenemos como firme y segura ancla del alma una esperanza que penetra hasta detrás de la cortina del santuario, hasta donde Jesús, el precursor, entró por nosotros, llegando a ser sumo sacerdote para siempre…» (Hebreos 6:19-20).

EL ARCA DEL PACTO

El Arca era una caja que se mantenía en la parte más santa del Tabernáculo. Cada uno de los objetos contenidos en el Arca estaba ahí por una razón, señalando un atributo del pacto de Dios con su pueblo y prefigurando nuestra relación con él a través de Jesucristo. En particular, el Arca representa la relación que Dios busca con su pueblo a través de nuestra adoración y su Palabra.

El escritor de Hebreos (vea 9:1-5) resume para nosotros lo que eran esos contenidos: las tablas de piedra sobre las que se escribieron los Diez Mandamientos, representan el pacto de Dios (vea Éxodo 20; Deuteronomio 5); una vasija de oro que contiene una porción del maná—su provisión en el desierto (vea Éxodo 16); y la vara de Aarón que había retoñado, significaba su liderazgo sacerdotal (vea Números 17).

Aunque el Arca era el punto central del culto de Israel, no se adoraba ni el Arca misma ni su contenido; antes bien, donde estaba el Arca, el Señor desplegó su gloria en una presencia visible y brillante. El contenido del Arca presenta un cuadro de nuestro propio potencial dentro de la promesa de Dios para aquellos que lo adoran; una promesa de:

- a nosotros provisión diaria, justo como el maná se preservaba en el Arca como un testimonio; y
- un flujo vital de gracia, justo como la vara milagrosamente florecida testifica de la aplicación práctica y cotidiana del poder de la resurrección hacia nosotros (vea Efesios 1:18-20).

EL PROPICIATORIO

A la cubierta del Arca se le llamaba el propiciatorio. Dios lo proclamó como el lugar específico donde se encontraría con las personas para perdonarlas. En el Día de la Expiación, el sacerdote entraba al Lugar Santísimo y derramaba la sangre del sacrificio sobre el propiciatorio —esto es, sobre las tablas de piedra de los mandamientos de Dios que estaban dentro— mandamientos que era imposible que las almas caídas cumplieran.

Por lo tanto, el propiciatorio todavía es un testimonio que apunta al Nuevo Testamento donde el propio Jesús se convierte en el «propiciatorio» (griego *hilasterion*, «lo que propicia, expía, el lugar de la expiación, el propiciatorio» (vea Romanos 3:25; Hebreos 9:5).

En la imagen del Arca y el propiciatorio, Dios nos muestra que no se encuentra con nosotros en nuestros términos o nuestros esfuerzos para cumplir la Ley, sino en los términos de lo que Jesús nos deja en herencia a través de la gracia—gracia hecha posible por medio del sacrificio de sangre (vea Efesios 2:7-8). Al recibirnos a través de su gracia en el propiciatorio, Dios dice, en efecto: «Te recibiré donde estás, pero no he cambiado de opinión sobre dónde quiero llevarte». Así que la severidad de la Palabra de Dios no se debe escapar porque recibimos misericordia en medio de nuestra ineptitud, sino que la gloria del propiciatorio anuncia la esperanza de que no solo él nos salvará de nuestro pecado, sino que también nos alzará a la gloria de la realización satisfactoria de su propósito en nuestras vidas mientras caminamos con él en adoración.

¡CONVIÉRTASE EN UN TABERNÁCULO DE ADORACIÓN!

Allí donde usted está, la salvación de Cristo ha colocado el fundamento para un templo, para un tabernáculo de adoración. Él le invita a abrir su vida para convertirse en un *lugar santo*, un sitio donde él pueda encontrarse con usted, habitar con usted y manifestar su presencia a usted y a través de usted. Es Jesús quien hace esto posible («Cristo en ustedes, la esperanza de gloria», Colosenses 1:27). Así que comience a amueblar su casa, el templo de su propio ser. Edifique una vida de adoración, «como una réplica exacta de lo que se te mostró en el monte» (Éxodo 25:40). Que como cada uno la amueble se convierta en medio para progresar hacia una vida plena de adoración, que responda al llamado divino de que nosotros...

- nos regocijemos en el completo sacrificio que Jesús ha realizado por nosotros;
- seamos purificados de las cosas que podrían oscurecer o contaminar nuestras vidas;
- nos alimentemos de su Palabra, permitiendo que el Espíritu Santo la ilumine y la aplique a nuestras vidas;
- elevemos la suave fragancia de la alabanza y la adoración al Señor desde nuestros corazones; y,
- vengamos al propiciatorio, donde siempre están aseguradas la gracia y el perdón...

... y permanezca allí.

CAPÍTULO 14

Nuestro culto racional

Las expresiones físicas de adoración

Con el corazón, con todo el cuerpo, canto alegre al Dios de la vida.

Salmo 84:2

No habían pasado diez minutos del culto cuando un impulso llegó a mi mente. Era, más que una impresión, un mandato claro y conciso que el Señor me comunicaba: *Arrodíllate ante mí.*Esto habría sido muy fácil de hacer en casi todos los escenarios, pero lo que siguió después de unos pocos minutos fue una enconada lucha, un debate con la pregunta: *¿Qué va a pensar la gente?*

El lugar era la plataforma de una afluente iglesia de Oregón. La situación era simple: Me había invitado a predicar un amigo de mis días en la universidad, en una iglesia de otra denominación, y entre personas que en su mayor parte

196

no me conocían. Aun más, estábamos sentados en las sillas del púlpito sobre la plataforma, de cara a la congregación —alrededor de 400 personas— y no había allí lugar donde esconderse. Así que, lo que parecía una encomienda sencilla se hizo complejo por una docena de pensamientos que asaltaron mi mente. No eran pensamientos que resistían la idea de arrodillarme delante del Salvador, sino que resistían arrodillarme en aquel preciso momento y allí.

Pensé: *Soy un visitante. ¿Pensará la gente que trato de impresionarlos? O puede que sea perturbador. Ninguno de ellos me conoce; ni siquiera sabrán por qué hago esto. Pensarán que se trata de algún tipo de ritual que ejecuto. Pensarán que trato de «echar a andar algo».*Y mientras las razones se acumulaban, una voz más alta que la razón hablaba a mi mente; Jesús hacía un llamado a mi corazón.

Mientras que el líder del culto continuaba dirigiendo a la gente, canté con sinceridad mientras al mismo tiempo luchaba por dentro. Por último, a mediados del tercer himno, me rendí, en la creencia de que la posibilidad de de que pasara vergüenza era preferible a la posibilidad de defraudar al Señor, o peor, de sucumbir a mi orgullo.

De antiguo conozco que Dios no va a echar fuera a alguien que sucumbe al ego antes que rendirse al orgullo o al temor de la muerte en esos momentos. En otras palabras, la cuestión no era: «¡Haz esto, o te irás al infierno!». Pero de la misma manera estoy seguro que una vida que sigue a Cristo no es solo una que evita el camino de la perdición eterna; también se trata de una vida que crece en las *presentes* recompensas del cielo: la bendición de vivir con la presencia de Dios y la belleza de su gloria en mi vida.

Al recordar el encuentro de esa noche con el Señor y conmigo mismo, y la lucha entre a quién debía obedecer, siempre hallo divertido recordar la cosa más asombrosa que he experimentado. Fue cuando, tras arrodillarme y adorar durante uno o dos minutos, me levanté y me senté de nuevo, solo para descubrir cuando abrí mis ojos que ni una sola persona de la congregación se había fijado siquiera en mí. *Ni una*. Porque mientras cantaban, todos los ojos habían estado cerrados, atrapados en la adoración del Señor.

LA OFRENDA FUNDAMENTAL DE LA ADORACIÓN

Lo que había intentado interponerse dentro del flujo directo de adoración entre Dios y yo era el orgullo humano. Es una amenaza que siempre está presente en la adoración devota. Desde que Caín se irritó porque Dios había aceptado sacrificio prescrito que esperaba y había rechazado el que Caín por su propia cuenta había presentado, decidir adorar «a la manera de Dios o a mi manera» ha sido a la larga un asunto de vida o muerte. Decidimos entre el sacrificio viviente lleno del Espíritu Santo, la aproximación a la adoración que se describe en la Biblia, o los hábitos improductivos y sin vida que dicta la sabiduría humana.

La misma definición de la palabra *adoración* es la de entregarse a sí mismo delante del Señor. La palabra griega para adoración, *proskuneo*, significa postrarse uno mismo delante de Dios, poner el rostro sobre la tierra, humillarse delante de él. Esta no es una postura de arrastrarse para ganar el favor divino, antes bien una que reconoce el peso y la dignidad de la gloria de Dios.

Hacer literalmente eso ante una gran asamblea pública, como me sentí llamado a hacer esa noche, no sería algo obligatorio ni siquiera práctico en la mayoría de las situaciones. Pero considere: Aun en la intimidad de su hogar, ¿se ha postrado o ha estado alguna vez dispuesto a postrarse delante de Dios? Una confrontación consigo mismo como esa, que desafía nuestra constante preocupación con la conciencia propia *aun cuando nadie más está presente,*nos enfrenta a un tema que vale la pena explorar.

El llamado de Pablo a adorar: «Que cada uno de ustedes, en adoración espiritual, ofrezca su cuerpo como sacrificio vivo», no solo indica que esta es nuestra única razonable, espiritual, lógicamente apropiada y correcta decisión, sino que añade: «No se amolden al mundo actual, sino sean transformados mediante la renovación de su mente...» (Romanos 12:2). El foco de atención se vuelve a «la voluntad de Dios», y demuestra la relación directa entre adoración —la esencia de la sumisión a Dios— y una vida que progresa hacia una completa eficacia en conformidad con el Dios y Creador nuestro.

UNA DECISIÓN A FAVOR DE UNA ADORACIÓN CÁNDIDA

David, el mayor instructor bíblico en adoración —dados los salmos que escribió— es también uno de los mayores guerreros de la Biblia, de los mayores reyes y de los mayores hombres desde cualquier punto de vista. No fue ni un cobarde ni un enclenque, ni un idiota, fanático o persona que no razonaba. Y esto hace su modelo de humildad en extremo instructivo cuando consideramos el llamado a adorar de «ofrecernos a nosotros mismos»...*todo* lo nuestro.

El libro segundo de Samuel 6 registra una ocasión en extremo instructiva, una que incluye al rey David bailando con gozo desenfadado ante el Señor.

En este momento, Jerusalén había quedado bajo el control de David, y éste se disponía a establecer su capital como un centro de adoración del Dios vivo. Su propia intimidad personal con Dios, unida a su comprensión de que la adoración es la fuente de toda productividad —liderazgo, administración, gobierno, economía y todo lo demás— incitó su pasión. Los pasajes adyacentes contienen la historia completa del rescate del Arca del Pacto de la espiral descendente de sus recorridos y captura de manos de Israel durante la temporada de la penitencia espiritual de Saúl. Pero es en el capítulo 6 donde David busca devolver el Arca al pueblo de Dios. Hay varias lecciones inherentes en el involuntario cálculo erróneo que hace David en su primer intento. Pero tras recibir el consejo de los sacerdotes de Israel, y ajustado su método de transportar el Arca, este colosal símbolo de la presencia de Dios entre su pueblo se introduce ahora en la ciudad donde Jehová ha dicho: «Pondré mi nombre allí». Rebosante de gozo, y a la vez humillado ante el beneplácito de Dios respecto a su propósito de traer de vuelta el Arca, David «se puso a bailar ante el Señor con gran entusiasmo» (v. 14). El episodio tiene una gran importancia para nuestras ideas sobre la adoración de Dios.

La lección que con sabiduría deduciríamos no es un mandato a seguir su modelo en cada servicio que participemos, o cada día de nuestras vidas. Pero hay un mensaje, un estudio de contrastes entre dos tipos de personas: los que no se preocupan de su dignidad ni están atados al orgullo, y los que son controlados por ambos y por personas que son de otra manera.

Vale la pena leer con reverencia todo el pasaje. Mical, la mujer de David e hija de Saúl, es la imagen de la autosuficiencia y lo que eso produce: la derrota definitiva. Observando a David «saltando y bailando delante del Señor» desde su ventana, Mical «sintió por él un profundo desprecio» (v. 16), y salió al encuentro de su marido y le reprochó su baile (v. 20). La lección nunca debe ser llevada al punto de que se convierta en un argumento para los individuos idiosincrásicos que adoran centrados en sí mismos «a su manera» en la iglesia, sino que debe ser examinada con cuidado como una advertencia contra la actitud de «salvar mi propio pellejo» en la iglesia, o en cualquier otro lugar. La prolongada candidez de Mical (sin duda porque David rehusó hacerle de nuevo el amor) describe el vacío de adoración de quienes se rinden a la sabiduría y el orgullo de la carne antes que a la simplicidad de adorar con humildad. Al mismo tiempo, se nos da una lección sobre la relación directa entre adoración y fecundidad. La vida fluye donde la gente está dispuesta a humillarse, y caminar y adorar con gozo y transparencia delante del Salvador que nos ha mostrado su gracia de manera tan magnificente.

OBSTÁCULOS A LA ADORACIÓN

Hay por lo menos tres obstáculos que enfrentamos cuando empezamos a adorar: (1) el eclesiástico, (2) el político o social y (3) lo personal y subjetivo dentro de nosotros.

El obstáculo eclesiástico

Justo como puede haber un fanatismo impropio que se expresa de forma ridícula, hay también un fanatismo equivalente dispuesto al silencio y la reserva que puede intranquilizar a las personas. Quizá esto sea el resultado de pareceres estereotipados que evolucionan hacia un gran divorcio entre lo espiritual y lo físico en eras de la historia de la iglesia y nos moldean hasta este día. En la era monástica, por ejemplo, se buscaba la espiritualidad apartándose lo más lejos posible de las realidades físicas del mundo exterior. Silencio, separación y celibato se consideraban signos de santidad. En otros tiempos, inclusive hoy, el intelectualismo tiende a sostener la misma dicotomía: lo espiritual (o mental) se considera superior a lo físico, y por consiguiente la adoración deviene «intelectualizada». De ese modo, la reserva y el silencio cuelgan a menudo como una nube sobre las congregaciones, y se les permite presionar contra o impedir una adoración devota, liberada, y bíblicamente expresiva que se sale del molde de la tradición. El temor de dejarla pasar —y de que «cualquier cosa que pase» se imponga— conduce a autorizar una supresión de las más simples y amadas expresiones de la adoración equilibrada y sensible a que invita la Escritura.

La honestidad requiere que miremos al Libro, a la luz de los hábitos impuestos por la historia. Una y otra vez en los salmos se utilizan fuertes verbos hebreos en conexión con las alabanzas al Señor, aclarando que el Señor llama a una franca expresión de su pueblo. A pesar de eso, por ejemplo, a veces hemos sacralizado el silencio, definiéndolo como «reverencia». Si bien hay un momento para el silencio, las dos palabras no son sinónimas. Eclesiastés 3:7 dice que hay «un tiempo para callar, y un tiempo para hablar». El Salmo 46:10 dice: «Quédense quietos, reconozcan que yo soy Dios». Pero con llamados más amplios, si no iguales, la Palabra de Dios nos invita a gritar y a cantar elevadas alabanzas a nuestro Dios, y así reconocer la gracia de Dios y el triunfo de la cruz de su Hijo que se nos anuncia. «Aplaudan… aclamen a Dios» (Salmo 47:1). Tanto el silencio como el clamor, la quietud o la elevada alabanza pueden expresar reverencia, pero si la reserva y la quietud se definen como «reverencia», entonces la plenamente iluminada reverencia de una adoración liberada sufrirá limitaciones. Y algo más dañino, se le concederá libertad para dominar a la persistencia la presunción y el orgullo humanos.

El obstáculo socio-político

En mi propia nación, la cultura de nuestra política ha jugado de una manera extraña con la idea de que «yo puedo decidir cómo adorar a Dios». Hasta qué punto existe esto en otras naciones, no estoy preparado para decirlo, pero mientras se nos asegura el derecho moral y legal de adorar a Dios «de acuerdo con los dictados de nuestros corazones» (una preciosa libertar), No hay nada en la Biblia que diga que podemos acercarnos a Dios para adorarlo en nuestros propios términos. Jamás.

La verdad es que, una vez que cualquiera de nosotros decide adorar al Dios vivo, quien dio a su Hijo Jesucristo para que muriera sobre la cruz por nosotros, técnicamente nos apartamos del ámbito de los privilegios selectivos sobre el *cómo* vamos a adorarlo. Ya la adoración no es de acuerdo con «los dictados de mi propio corazón». Más específicamente, lo que me interesa es descubrir la plena manifestación de la gracia, el poder y las bendiciones de la presencia manifiesta de Dios; se me llama a pasar de mis ideas a la Palabra de Dios. Examinar la Biblia sobre el tema de la adoración es moverse al ámbito del espíritu y la verdad —a la adoración a que llama el Espíritu Santo y que compendia la Palabra de Verdad—, la verdad que Dios ha revelado en su Palabra.

Como vimos en nuestro estudio sobre el amueblado del Tabernáculo, Dios le dio a Moisés instrucciones explícitas sobre cómo debía adorar su pueblo. Sabemos que cuando un constructor levanta un edificio, un error temprano puede estropearlo todo, y hasta puede dar lugar que se tenga que desmantelar toda la estructura a fin de evitar un desastre. De ese modo, el asunto que cada uno de nosotros enfrenta en lo personal y de manera realista los líderes de la iglesia es: ¿Cuánto se necesitará desmantelar en nuestro pensamiento en relación con las expresiones de adoración?

Esta no es una cuestión de si somos salvos o no. Por supuesto, ¡no es un requisito para salvarse, por ejemplo, que alcemos los brazos, aplaudamos, demos voces o aun cantemos! La salvación —experimentar el amor y la misericordia de Dios— está enraizada y fundada en una sola cosa: la fe en Jesucristo como el Hijo de Dios, el único Salvador de la humanidad y el digno Cordero de Dios.

Pero la propuesta de este libro nace de una carga, de una pasión y un deseo de experimentar *la presencia manifiesta de Dios*, la liberación de la gracia de su Reino y del poder del Reino, que se mueve y habita en medio de su pueblo. Es una búsqueda que nos llama a lidiar con sinceridad con nuestro orgullo humano, diagnosticando y suprimiendo el miedo que puede detenernos, así como desechar la locura del fanatismo que siempre busca interponerse cuando una viva y revitalizada adoración bíblica se abre al pleno dinamismo de la presencia de Dios en la Iglesia.

ADORACIÓN: TODO EL SER REVIVE

Al convertirse en el tipo de adoradores que Dios el Padre busca —personas que le adoren «en espíritu y en verdad» (Juan 4:24)— significa que se nos invitará a adorar más allá *tanto* de las elucubraciones cerebrales como de las exageraciones que solo son emocionales. Se nos invitará a venir con corazones comprometidos; una vez demolidos los rituales vacíos como nuestros formatos y formas de adorar, nuestras liturgias y nuestras vidas se inflaman con el fuego de Dios que desciende sobre los sacrificios vivos que representan un sacrificio grato al Señor.

Descubriremos toda la amalgama de nuestra entera persona humana y el ser que él convoca, enriquecido en su presencia y transformado por nuestra adoración a Dios. Entonces, la adoración que resplandece a plenitud no es *sólo* espiritual y nacida del corazón; tampoco es *sólo* una búsqueda cerebral, una conciencia mística o una orgía emocional. Pero a la luz de la Palabra de Dios, adorar quiere decir la presentación del *total de nuestro ser* —esto es, el cuerpo, la mente, las emociones y el espíritu— que el Espíritu Santo enciende como un sacrificio vivo. Es esa adoración la que según su Palabra no es otra cosa que nuestro culto racional:

> Así que, hermanos, os ruego por las misericordias de Dios, que presenten vuestros cuerpos en sacrificio vivo, santo, agradable a Dios, que es vuestro culto racional. No os conforméis a este siglo, sino transformaos por medio de la renovación de vuestro entendimiento, para que comprobéis cuál sea la buena voluntad de Dios, agradable y perfecta (RVR 1960).
>
> Romanos 12:1-2

Esta contrapartida del Nuevo Testamento al sacrificio del Antiguo Testamento —un texto que hemos examinado en sus implicaciones fundamentales— se abre a una rica aplicación unida a las muchas y variadas expresiones bíblicas de la adoración. La palabra griega *lógicos,*traducida como «culto racional» (RVR 1960) comunica dos ideas: tanto la adoración *inteligente* como *espiritual.*Mientras que en el mismo versículo, el «os ruego» de Pablo trasmite una súplica emocional a poner «por lo tanto» [NVI] en marcha una emoción igualmente sensible, o sea, a la luz a todo lo que ha precedido a su apología de la alabanza a Dios en varios de los versículos anteriores. Estos —el intelecto, la emoción y el espíritu— se unen a «sus cuerpos», para formar una cuádruple petición a nosotros los que adoramos. Con esta aproximación integral, vengamos al altar de Dios, para poner nuestras vidas delante de él. Vengamos humildemente, sabiendo que «el sacrificio que [le agrada a Dios] es un espíritu quebrantado… [un] corazón quebrantado y arrepentido», el que según la Palabra declara: «tú, oh Dios, no desprecias» (Salmo 51:17).

Mientras la oferta de salvación nos invita en el quebranto de nuestro estado de perdición al perdón y la restauración, la invitación a adorar nos convoca a la santidad en toda dimensión mientras todo nuestro ser se abre en la presencia divina. Pero así como el orgullo pecaminoso puede mantenernos como pecadores respecto a lo primero, el orgullo de sí mismo es capaz de apartarnos de lo segundo. Y esa búsqueda, ver a quienes adoran convertirse en personas íntegras, es lo que me ha movido a buscar caminos y sabiduría para ayudar a los creyentes a crecer en todo el espectro de la adoración. Al enseñar la Palabra de Dios, y mostrar a conciencia cuán sensible, graciosa y plena de belleza se puede expresar la adoración en el canto y las expresiones físicas sin distraer, interrumpir o volverse leguleyo, lo siguiente ha sido una guía útil.

Dios nos invita a adorarlo «en espíritu y en verdad», y «en la belleza de su santidad» con toda nuestra persona: (1) con nuestros espíritus regenerados; (2) con nuestras mentes renovadas; (3) con nuestras emociones reavivadas; y (4) con nuestros cuerpos rededicados.

Con espíritus regenerados

«Dios, a quien sirvo de corazón predicando el evangelio de su Hijo, me es testigo…» Romanos 1:9). La palabra *sirvo* comunica el concepto de adoración así como el de las obras, resaltando específicamente el poder del nuevo nacimiento para resucitar el espíritu humano y revitalizarlo con respecto a Dios.

• Adorar en espíritu (Juan 4:23-24)

- Cantar canciones espirituales (Efesios 5:19; Colosenses 3:16)
- Dar gracias «bien» con el espíritu] (RVR 1960) (1 Corintios 14:15-17)

Como hemos señalado antes, «canciones espirituales» son aquellas generadas por el Espíritu Santo cuando los que adoran cantan delante del Señor. También se nos muestra cómo el Espíritu nos capacitará para adorar «bien», impregnando nuestro cantar con una santa vitalidad que lo convierte de mera melodía en un santo incienso, de mero sonido en un céfiro celestial de alabanza.

Con mentes renovadas

«Sino sean transformados mediante la renovación de su mente» (Romanos 12:2). La adoración no tiene solo un prerrequisito, la «renovación» de la mente cuando el arrepentimiento nos trae de vuelta a Dios a través de Cristo, sino la oración abre la puerta hacia un progresivo reacondicionar de la mente, mientras se nos «transforma»… de gloria en gloria… por el Espíritu del Señor» (2 Corintios 3:18).

La adoración no pretende proceder de un entendimiento iluminado por el Evangelio, sino profundizar mientras la penetración de la Palabra de Dios renueva las prioridades de nuestros procesos mentales para glorificar a Dios —el dador de la inteligencia— antes de quedar cautivos por nuestro propio poder mental. La mente humana, sometida a su Espíritu, conocerá la verdadera sabiduría que solo se incrementa cuando el intelecto humano deja de reinar, y se alinea con el Espíritu de Dios a la vez que este coloca el *espíritu* sobre la *razón*. Dios nunca rebajará nuestra inteligencia. Él la creó y su potencial. Pero por medio de su Espíritu que gobierna nuestro espíritu renacido, nos llamará a cada rato a trascender la razón, a ejercer la fe la que, si bien no carece de razón, por lo general supera los poderes del pensamiento humano o la computación. Por tanto, la adoración nos lleva a profundizar más en los senderos de la fe, no empleando lo más elevado y mejor de nuestro pensamiento, sino conduciéndolo más allá de esos límites a lo más rico y pleno de nuestro potencial como seres espirituales-racionales. Se nos llama a:

- una adoración obediente e inteligente (Romanos 12:1; 2 Corintios 10:5);
- orar con el entendimiento (1 Corintios 14:15);
- adorar con inteligencia (Salmo 47:6-7; RVR 1960).

Con reavivadas emociones

«Hagan lo que hagan, trabajen de buena gana, como para el Señor y no como para nadie en este mundo» (Colosenses 3:23). «Ámense los unos a los otros con amor fraternal … sirvan al Señor con el fervor que da el Espíritu … Alégrense con los que están alegres; lloren con los que lloran» (Romanos 12:10-11, 15).

No hay nada en las emociones humanas que se debe estimar indigno debido a su esencia básica. Nuestras emociones son dádivas de Dios tanto como nuestras mentes. Él no coloca a ninguna en un sitio de más elevado valor que la otra. No se debe equiparar el emocionalismo a las emociones, tanto como no podemos confundir intelectualismo e intelecto como cosas iguales. Los «ismos» sacan a cualquier tema de su esencia básica para convertirlo en una cosa en, de y para sí misma. Los «ismos» exageran la idea, de manera que cuando en la adoración de Dios se emplean emociones sanas, el emocionalismo desaparece, y la salud y restauración del Espíritu de Dios estará libre para moverse sobre y entre el pueblo de Dios de manera tierna así como poderosa. Se le da espacio a la adoración para volverse apasionada y gozosa de manera intermitente, o para envolvernos quieta y cálida, al expresarse como:

- Aplausos y aclamaciones al Señor (Salmo 47:1);
- Clamor de alabanzas en la gran congregación (RVR 1960) (Salmo 22:25).
- Regocijo y expresiones de acción de gracias (Salmo 11:1; 4; Filipenses 4:4); y
- Quedarse quietos delante del Señor (Salmo 46:10; Habacuc 2:20).

Como se señaló antes, el silencio al igual que el clamor puede ofrecer alivio emocional. Puede que mi alma esté atormentada y sometida a miles de presiones de la vida, pero sobre mis rodillas y quieto ante él, de pronto me doy cuenta: ¡Dios está sobre el trono! Y captado de pronto por este descubrimiento, las emociones de la paz y la confianza, así como un profundo gozo fundado en él, me liberan mientras disfruto la bendición de la adoración, con emociones sanadas por la divinidad, en verdad reavivadas y aceptadas.

Con cuerpos rededicados

¿Acaso no saben que su cuerpo es templo del Espíritu Santo, quien está en ustedes y al que han recibido de parte de Dios? Ustedes no son sus propios dueños; fueron comprados por un precio. Por tanto, honren con su cuerpo a Dios.

1 Corintios 6:19-20

En Cristo, nuestros cuerpos humanos se convierten en templos en los que habita el Espíritu Santo, y la congregación que se reúne para adorar se convierte en un edificio de Dios unificado en los mismos términos (vea Efesios 2:20-22). Se probó que el antiguo Tabernáculo (de Moisés) y el Templo (de Salomón) eran lugares que la presencia manifiesta de Dios visitó y donde llegó a residir su gloria. «Ofrecer nuestros cuerpos» en adoración es un intento dirigido a abrirse a lo mismo; a abrirse para que tras adorar el Espíritu Santo nos dirija a vidas de obediencia y al propósito que Dios tiene para cada uno de nosotros como los hijos e hijas que él ha creado. La Escritura nos muestra muchas maneras para alabar y adorar a Dios con nuestros cuerpos, rededicados ahora como templos de su Espíritu Santo:

- Arrodillarse en la adoración (Filipenses 2:9-10)
- Inclinar las cabezas (Miqueas 6:6-8)
- Poner en alto las cabezas (Salmo 3:3-4; Hebreos 4:16)
- Elevar las manos (Lamentaciones 3:40-41; Salmo 63:3-4)
- Alabanzas mecidas (Levítico 9:21)
- Danzar con gozo delante del Señor (Salmo 30:11; 149:3; 150:4)

De los cuatro aspectos de nuestro ser, todo lo anterior ha ofrecido no más de un par de referencias que apoyan las expresiones relacionadas. Sin embargo, hay muchas más en cada caso. Y ya sea que alguna pueda carecer de numerosos textos de prueba, un solo capítulo que demuestra el poder de la adoración (2 Crónicas 20) revela no menos de once diferentes verbos que nos invitan a una activa participación en la adoración:

hadad: inclinarse en consideración a
nafal: postrarse ante
shakah: caer ante o rendir homenaje a la realeza

halal: gloriarse en el Señor

gadul: clamar en voz alta

yadah: extender la mano

renah: gorjear, crujir o cantar

tehelah: cantar un himno

carach: arrodillarse

simkah: estar alegre

samach: levantar el ánimo

Este conjunto, respaldado por el poder que fluye de lo que ocurre en el contexto, es evidencia cierta de que la revelación bíblica de diferentes expresiones físicas de adoración no es solo un comentario sobre algunas peculiaridades culturales antiguas de los creyentes judíos milenios atrás. La Palabra de Dios es de eterna aplicación cuando nos revela los modelos de adoración. La única alteración reside en lo que Cristo cumplió del antiguo código y prácticas mosaicas, las cuales, en tipo, prefiguraron su sacrificio supremo y perfecto.

«Pero», preguntaría alguno, «¿no es dar la bienvenida a esas expresiones una invitación a la confusión a causa de personas que al azar y de forma independiente imponen su voluntad a toda una congregación?». Y la respuesta es: «Sí». Pero ese desafío no altera el llamado a cultivar la plena expresión en la adoración. Antes bien, llama a los líderes a enseñar, a dar el ejemplo y a corregir o confrontar la aberración. Habrá raros casos de personas que suponen erróneamente que la prueba verdadera de la espiritualidad reside en la espontaneidad individual. Mientras alguna espontaneidad está justificada, aun debe haber alguna medida de disciplina y control (vea 1 Corintios 14). Por su parte, el compromiso del liderazgo —pastores y ancianos— de conducir la adoración pública los calificará para hablar o corregir con autoridad a aquellos que necesitan reconocer que la libertad no es nunca libertinaje, y que se reúne una congregación para adorar más como un coro que como una colección de solistas.

He crecido dentro de una congregación enseñada a moverse al unísono cuando cantamos, nos ponemos de pie, nos arrodillamos, nos inclinamos y alabamos. Esto no busca oprimir a nadie, pero no nos disculpamos si la corrección molesta al indulgente. «Dios no es un Dios de desorden» (1 Corintios 14:33). La adoración colectiva nos hace marchar hacia adelante en adoración con mayor fuerza, como un cuerpo unificado, y el todo es mayor que la suma de sus partes.

Las personas a veces me preguntan: «En una iglesia tan grande como la Iglesia en el Camino, ¿cómo puede mantenerse unida la adoración?». La respuesta es: «Con más facilidad que cuando solo éramos unos pocos». Esto es así porque el crecimiento de un grupo de personas ordenadas que adoran forman un cuerpo cada vez más coordinado, un cuerpo que con unidad adora, alaba, se regocija y engrandece a Dios el Padre y glorifica a su Hijo Jesucristo, por el poder del Espíritu Santo.

No es regimentación humana, sino una dádiva santa que no solo hace satisfactoria y agradable la adoración sino que también resulta en la mayor bendición de todos porque se glorifica a Dios.

La presencia manifiesta de Dios está presente, las almas se acercan a él y con regularidad muchos nacen dentro de su Reino mientras llevamos a cabo nuestro «culto racional».

CAPÍTULO 15

La mesa del triunfo

El centro de la adoración

«Hagan esto en memoria de mí».

1 Corintios 11:24

En medio de la mayoría de los centros de adoración encontrará usted una mesa. Puede ser del diseño más simple o elaboradamente concebida y labrada de manera esplendorosa. En la mayoría de los casos, la mesa tendrá unas palabras ya sea grabadas o inscritas a lo largo del frente que da a los creyentes reunidos: «En memoria de mí».

Como quiera que la llamen en su círculo de adoración —Comunión, Eucaristía, misa, la mesa el Señor—, esta mesa es el centro del culto cristiano. Lo ha sido desde la noche anterior a la crucifixión del Salvador, cuando este instituyó lo que ha sido la máxima tradición observada por la Iglesia. Fue introducida con una sencillez que prevalece hasta hoy: (1) que abarca los elementos básicos del pan y el vino, como testimonio de su cuerpo y su sangre; (2) que señalan su continua observancia hasta que él reúna a los suyos en el Reino final; (3) de la que participan devotos que cantan (vea Mateo 26:26-30).

En 1 Corintios 11:23-32, el Espíritu Santo nos ha dado una visión del modo de vida de la Iglesia primitiva a partir de lo que Jesús había enseñado a los primeros discípulos. Pablo, un apóstol tardío, describe su propia experiencia de haber «recibido del Señor» los modelos de adoración que describe. Él no especifica si usa esta terminología solo para relatar lo que Cristo le había trasmitido vía los apóstoles, o si el propio Salvador lo había visitado en alguna ocasión. En todo caso, este es un pasaje al que la mayoría de nosotros acudimos para garantizar una práctica adecuada de nuestro culto junto a la «mesa del Señor».

Sin esforzarnos por discutir las eventuales monstruosidades que se han erigido alrededor de esta mesa —estructuradas por la tradición y a menudo implementadas por la autoridad eclesiástica— quiero alentar a cada uno de los lectores a que revisen las Escrituras a la simple luz del evangelio de la gracia de Dios en Cristo. Para mí es inimaginable que alguna vez él hubiera dado a entender que las ocasiones en que su pueblo «recuerda» la cruz se vieran tan entorpecidas con restricciones, bagaje religioso o hábitos sensibleros.

¿Qué es, en esencia, lo que Jesús quería que «recordáramos»?

Creo muy sinceramente que el llamado de Jesús a su mesa no es a una mesa de remordimiento para repasar su agonía, sino a una sensible y a una gozosa conmemoración de su triunfo. El punto focal de la cruz, desde una perspectiva celestial, se resume mejor sin duda en las palabras finales de Jesús desde el madero: «¡Consumado es!». ¡El precio de la redención se ha pagado por completo! ¡La obra de la redención se ha completado del todo! ¡La sangre del Cordero ha pagado por completo las culpas!

Los siglos en los que se observó la misa como una repetición de horror del sacrificio de Jesús que instigaba a la culpa, en santuarios donde él todavía estaba colgado de una cruz, sirvió para fijar la idea de la mesa como un momento mórbido de recordar los detalles del vía crucis de Cristo hacia la muerte como algo normal. De modo peculiar, aunque la Reforma desató las cadenas que sujetaban la certidumbre de la salvación personal o la duda en cuanto a nuestra situación delante de Dios, parece que nunca ha habido una completa liberación de la observación de la mesa como un *trauma* en lugar de un *triunfo*.

- **Sin duda**, se nos ha llamado a repasar el hecho del cuerpo quebrantado de Jesús y su sangre derramada:

  > Y después de dar gracias, lo partió y dijo: «Este pan es mi cuerpo, que por ustedes entrego; hagan esto en memoria de mí». De la misma manera, después de cenar, tomó la copa y dijo: «Esta copa es el nuevo pacto en mi sangre; hagan esto cada vez que beban de ella, en memoria de mí».
  >
  > 1 Corintios 11:24-25

- Sin duda, se nos llama a volver a contar el Evangelio mientras relatamos su muerte, sin perder de vista que la bondadosa dádiva de Dios no tuvo un precio bajo, que la dinámica de perdón y liberación fue costosa, que el hecho de que hubo que pagar una deuda tan grande subraya nuestra necesidad de la salvación, y que la esperanza del cielo y la vida eterna nos ha sido legada al precio del sufrimiento que llevó a Jesús a la muerte, experimentando la más violenta embestida del infierno, y levantándose de nuevo para demostrar lo total de su conquista de la muerte y el infierno. Debemos *declarar* estas cosas al venir ante su mesa.

  > Porque cada vez que comen este pan y beben de esta copa, proclaman la muerte del Señor hasta que él venga.

1 Corintios 11:26

- **Sin duda**, la entrega Cristo a la muerte sobre el Calvario no es sólo un don que nos trae salvación eterna, sino que nos ofrece un modelo de discipulado, del vital principio que la sumisión a la voluntad de Dios de modo inevitable requiere la muerte de uno mismo—muerte a cualquier orden de prioridades conforme a la conveniencia y comodidad; muerte al mundo y sus valores, y a la carne y sus deseos.

«Ciertamente les aseguro que si el grano de trigo no cae en tierra y muere, se queda solo. Pero si muerte, produce mucho fruto. El que se apega a su vida la pierde; en cambio, el que aborrece su vida en este mundo, la conserva para la vida eterna. Quien quiera servirme, debe seguirme».

Juan 12:24-26

«Si alguien quiere ser mi discípulo, tiene que negarse a sí mismo, tomar su cruz y seguirme. Pero el que quiere salvar su vida, la perderá; pero el que pierda su vida por mi causa, la encontrará».

Mateo 16:25-25

«Nos vemos atribulados en todo, pero no abatidos; perplejos, pero no desesperados... siempre llevamos en nuestro cuerpo la muerte de Jesús, para que también su vida se manifieste en nuestro cuerpo mortal».

2 Corintios 4:8, 10

En cuanto a mí, jamás se me ocurra jactarme de otra cosa sino de la cruz de nuestro Señor Jesucristo, por quien el mundo ha sido crucificado para mí, y yo para el mundo».

Gálatas 6:14

Entonces, está claro que Jesús sí quiso que aprendiéramos de su muerte. Pero hay una diferencia entre aprender un principio del discipulado y llevar el peso de una culpa o vergüenza no solucionada por haber sido responsables de que el Hijo de

Dios sufriera por usted. Debemos decidir cuál de las dos posibilidades motiva sus llamados, qué tiene en mente sobre nuestro estado de ánimo y manera de acercarnos a su mesa. Podemos preguntar si nos ha invitado a recordar el agonizante, y en extremo cruel proceso de su muerte, y a golpearnos el pecho en recurrentes actos de autoflagelación por nuestro pasado y su dolor. O su intención era que nos encontráramos con él en la mesa para pasar revista y celebrar:

- el *propósito* del Padre al mandar a su Hijo como un regalo de amor;
- el *poder* de la cruz para quebrar el pecado y el yugo de Satanás debido a que él sangró y murió;
- las prometidas [/provisiones de santidad espiritual, fuerza y salud debido a que su cuerpo fue «quebrantado por usted»; y
- el *perfecto triunfo* de su muerte, ¡que provee seguridad plena de vida abundante ahora y vida eterna para siempre!

La decisión más natural, y la más bíblica y espiritual entre las dos es la última, pues:

1. El propio Jesús no es un psicópata que llama a aquellos que ha salvado a estar siempre compadeciéndose de «el horrible sufrimiento que tuve que soportar por ti». El Salvador no es, si lo quiere, una «Mamá Judía tradicional», que esparce la semilla de la culpa con palabras tales como: «Nunca dejes que entre en tu mente el horrible dolor que experimenté al ver que te trajeron a este mundo… no es nada, nada»; mientras que significa todo lo contrario: «Tienes una deuda conmigo, ¡¡y la sostendré sobre tu cabeza como un medio de controlarte para siempre!!».

2. Las Buenas Noticias del regalo de la salvación no son «noticias de ayer» sobre el sufrimiento del Salvador para

comprar el regalo. El hecho de su sacrificio no se reduce al proclamar la intención liberadora de su regalo de vida y su deseo de que, como el hijo pródigo que regresó (vea Lucas 15), entremos a la fiesta y celebremos haber sido revestido con su justicia. Pero «el Espíritu del SEÑOR omnipotente está sobre mí, por cuanto me ha ungido para anunciar buenas nuevas… me ha enviado a darles una corona en vez de cenizas, aceite de alegría en vez de luto, traje de fiesta en vez de espíritu de desaliento… para mostrar su gloria» (Isaías 61:1, 3).

3. El Espíritu Santo ministra el mensaje de vida para todos los que entran por las puertas de la gracia, al traer ese orden de consuelo y confianza anunciado por el profeta, cuando dice: «¡Consuelen, consuelen a mi pueblo! —dice su Dios— Hablen con cariño a Jerusalén, y anúncienle que ya ha cumplido su tiempo de servicio, que ya ha pagado por su iniquidad…» (Isaías 40:1, 2). Este es el Espíritu que nos condujo a Cristo, nos convenció de nuestro pecado, nos llevó al arrepentimiento, nos regeneró por su santo poder y ahora nos trae a la mesa del Salvador para cenar con él, conociendo lo acogedor de su recepción y la bendición de su compañerismo diario como nuestro Señor resucitado.

El proceso de la muerte de Jesús es obvio que tiene gran importancia, pero el propósito del Padre y las provisiones de su Hijo para nosotros a través de su muerte son hechos consumados a los que debemos dar la bienvenida, regocijarnos en ellos y disfrutarlos sin ninguna sombra de culpa o condenación que manche la gloria de su regalo… ¡de una vez por todas!

Dios no envió a su Hijo al mundo para condenar al mundo, sino para salvarlo por medio de él.

Juan 3:17

Por lo tanto, ya no hay ninguna condenación para los que están unidos a Cristo Jesús… la ley del Espíritu de vida me ha liberado de la ley del pecado y de la muerte.

Romanos 8:1-2

Que esto se fije para siempre en la mente, el corazón, los valores y el estilo de cada líder de adoración cuando nos dispongamos a dirigir a los creyentes en la observación de la Cena del Señor. Él es aquél que pagó el precio del banquete. él es aquél que abre de par en par la mesa a «todo el que quiera venir». Él es Aquél que «una vez estuvo muerto, pero que vive para siempre, y tiene las llaves de la muerte y el infierno». ÉL ES EL VENCEDOR, y ¡¡LA SUYA ES UNA MESA DE TRIUNFO!!

RESISTIR CON FIRMEZA EL PROBLEMA QUE SE ACERCA

Tristemente, la mesa del Señor se ha visto a menudo atada por el legalismo y utilizada como un látigo para controlar a las personas. Hay lugares en el cuerpo universal de Cristo donde la Comunión se niega como un medio de ejercer «disciplina». A los creyentes nacidos de nuevo que han confesado su(s) falta(s) —aunque ya confesadas y en teoría «perdonadas»— se les priva del privilegio de participar de la mesa hasta que las autoridades pastorales o eclesiales les permitan hacerlo.

En muchos locales, la mesa está reservada —a los visitantes no se les permite participar, se priva a los que no son miembros de observarla con los miembros— en lo que estoy seguro debe considerarse sincero pero aún así prohibiciones equivocadas, innecesarias y no bíblicas. La Palabra de Dios establece en las enseñanzas de Jesús que hay algo dinámico en la participación de la mesa del Señor: «Mi carne es verdadera comida y mi sangre verdadera bebida» (Juan 6:55). Negar el ministerio de la mesa a creyentes arrepentidos que yerran o a santos que no son miembros de una congregación dada contradice el propósito de la salvación y el compañerismo cristiano bíblico. Es como decirle a un hombre que muere de hambre: «Conseguirás algo de comer después que te recuperes de tu desnutrición»; o a un solitario: «Te aceptaremos después que estés un tiempo por aquí… si te unes a nuestro club».

Demasiado a menudo la mesa de la Comunión se ha devaluado con enseñanzas no bíblicas de que podríamos poner nuestra vida en riesgo si participamos de ella «indignamente». Esta lógica torcida viene de 1 Corintios 11:27-32, donde el apóstol Pablo insta al auto examen no como un medio para adquirir suficiente dignidad a fin de justificar nuestra llegada a la mesa de Cristo. ¡Tal idea es ridícula, dado el caso que usted nunca encontrará un sitio en la Escritura que sugiera que ganamos o recibimos nada sobre los méritos de nadie que no sea Jesús! ¿De esa manera, qué dice Pablo?

La enfermedad o muerte prematura que algunos creyentes corintios han experimentado (vea el v. 30) no era el juicio de Dios sobre ellos por participar en la Cena del Señor sin haberse puesto a sí mismo en condiciones de un grado suficientemente elevado de probidad. Era porque habían perdido el derecho a las promesas bíblicas de curación y fortaleza, enraizadas en el sufrimiento de Jesús, ¡por cuyas heridas somos sanados! (vea Isaías 53:5; Mateo 8:16; 1 Pedro 2:24). No estaban siendo castigados, pero se registra no obstante una importante lección que neutraliza una distorsión adicional de una enseñanza que se esconde en algunas partes de la Iglesia. La lección consiste en que la *fe* es esencial para apropiarse de las promesas de Dios. Y ello refuta el error de que algún poder automático es inherente a una participación mecánica en los sacramentos.

Pongamos fin a estos puntos de confusión. Y vengamos a la mesa con una santa sobriedad, pero con un espíritu de regocijo que concuerde con ella.

Resolvamos la cuestión de una vez por todas. ¿Quién es digno de venir a la mesa? Nadie. Jesús murió para derramar la gracia de Dios sobre nosotros de manera que todos pudiéramos venir por medio de él quien es digno. «Digno es el Cordero», cantamos. Cuando vengo, pongo mi confianza y fe en el Cordero de Dios que quita el pecado del mundo; incluyendo el pecado de Jack Hayford. Vengo y participo de su fuerza, que me alimenta. Y esta es la esencia de la participación «de una manera digna».

Venimos no sobre la base de nuestras obras, aunque como es correcto se espera que vengamos confesando nuestros pecados conocidos y puntos de desobediencia o debilidad. Y habiendo llegado así, se nos llama a recordarlo, a recordar la dignidad del Cordero de Dios, ¡que ha quitado los pecados del mundo!

> Así que acerquémonos confiadamente al trono de la gracia para recibir misericordia y hallar la gracia que nos ayude en el momento que más la necesitemos.
>
> Hebreos 4:16

Venimos porque él es digno. Y sobre esa base no solo hemos sido traídos delante del trono del Padre sin condenación, sino que se nos ha dado la bienvenida a la mesa del Hijo sin vacilaciones.

¿Pues qué quiere Jesús que recordemos?

Cuando venimos a la Mesa del Señor, ¿busca nuestro Salvador insistir que recordemos lo mucho que él ha sufrido sobre la cruz del Calvario mientras los clavos rasgaban su carne, las espinas desgarraban su frente y la espada rasgaba su costado?

Quiere que recordemos que fue por culpa nuestra que tuvo que sufrir y morir de esta manera cruel? ¿Quiere que llevemos siempre la culpa que nos distinguirá como sus discípulos? Por digna y asombrosamente maravillosa que sea la gracia de experimentar esas cosas, la respuesta a estas preguntas es no.

Antes bien, nos indica que vengamos a su mesa —donde se nos libera para fraternizar con él debido a que él *sufrió* y él *murió*— y ahora dice: «¡Regocíjense conmigo!».

- Él quiere que recordemos que su sangre se derramó de una vez por todas para cubrir todo nuestro pecado, de manera que nunca tengamos que vivir bajo condenación.
- Él quiere que recordemos que cuando participamos de su pan, como al recibir Israel el maná del desierto, hay un alimento sobrenatural que nos provee fortaleza para la vida cotidiana.
- Él quiere que recordemos que fue quebrantado por nosotros para hacer posible la salud para nosotros, de manera que no tengamos que padecer un sufrimiento interminable. Jesús quiere que recordemos, cuando nos asalte Satanás, que él ha derrotado al adversario y lo ha ridiculizado. Satanás es un enemigo derrotado.

Esta es la manera como discernimos el cuerpo del Señor, a quien quebrantaron por nosotros: su sufrimiento y muerte que han establecido un nuevo pacto a través de su sangre. Esto es lo que Jesús quiere que recordemos: que *ganó* la victoria y *completó* la batalla.

Él nos invita a que nos unamos a él en su mesa de triunfo. ¡Ven! ¡Brinda por eso!

Capítulo 16

Tocar el cielo y la tierra

Las manos de la adoración

Elevemos al Dios de los cielos nuestro corazón y nuestras manos.

Lamentaciones 3:41

Antes examinamos el hecho de que los mundos visible e invisible están más estrechamente entremezclados y alineados de lo que percibe nuestra mente humana o «natural». Colosenses 1 enfatiza la supremacía de Cristo y que él es el Señor de todas las cosas «visibles e invisibles»; una declaración que por sí misma verifica que ninguna esfera es trivial o está desligada del conjunto de nuestra experiencia humana (vea v. 16). De acuerdo con esto, mis convicciones del papel que desempeñan las manos en nuestra vida y nuestra adoración solo se han profundizado de año en año, y el tema tiene suficiente importancia para requerir un largo estudio.

Examine conmigo la realidad espiritual vinculada a expresiones físicas básicas como (a) las manos alzadas, como declaraciones de un compromiso, de intercesión o bendición; y (b) los aplausos, como medios de exaltar a Dios, una manera de declarar: «¡Que venga *aquí* tu Reino, y que se haga *aquí* tu voluntad como en el cielo, así también *aquí* en la tierra!». Más de lo que tenemos sabido, el recurrente llamado a «alzad vuestras manos» en la Palabra de Dios no es solo una especie de calistenia cultural. Es un medio de tocar el cielo (lo invisible) y hacer una conexión de una forma que trasciende nuestras explicaciones, pero una forma que Dios conoce, aquél que por el contrario es mucho más sabio que nuestros razonamientos engañosos y diluidos. Podemos conocer más de la relación entre las manos de la alabanza y la Mano del Todopoderoso, cuya autoridad y dominio real necesitamos tanto en nuestro mundo y también deseamos de todo corazón en nuestro medio.

Alzar las manos

La Biblia provee lecciones sobre cuatro aspectos específicos del propósito de alzar las manos.

1. En la *confesión*: Alzar las manos muestra el compromiso con el Señor.
2. En un *conflicto*: Alzar las manos determina la victoria en la intercesión.
3. en una *confrontación*: Alzar las manos responde al amor misericordioso de Dios.
4. En la *bendición*: Alzar las manos es llegarnos a otros con la gracia, el poder y el amor divinos.

Examine conmigo cada uno de ellos, presentados en un caso bíblico que tuvo lugar en las vidas de algunos de los mayores adoradores de la historia: Abraham, Moisés, David y Salomón.

Confesión: Reconocer de qué lado estamos

El primer ejemplo de la Biblia de alzar las manos en el nombre del Señor tiene lugar con Abraham, quien alza sus manos como una confesión de su compromiso con el Señor: «Pero Abram le contestó [al rey de Sodoma]: «He alzado mi mano a Jehová Dios Altísimo, creador de los cielos y de la tierra (Génesis 14:22, RVR 1960).

Cuando dice estas palabras, Abraham regresaba de una batalla, tras rescatar a su sobrino Lot y otros que habían sido tomados prisioneros en Sodoma por un grupo de reyes de las naciones circundantes. Cuando iba de regreso, el rey pagano de Sodoma le sale al encuentro a Abraham. Este quiere que le devuelvan a la gente, a cambio de lo cual permitiría que Abraham se quedara con los bienes que se había granjeado. Al alzar sus manos al Señor, Abraham aclara de qué lado está, y rehúsa que se le identifique con aquello que es ajeno a los caminos del Señor.

Como tantos grandes principios de la Biblia, son de un gran dramatismo las manos alzadas que estatuye la simple hermenéutica de la Ley del Primer Poseedor. Además, Romanos 4:12-16 apunta hacia Abraham como el «padre» espiritual de los creyentes del Nuevo Testamento justo como es el *paterfamilia* natural de los judíos. Instruidos a seguir «las pisadas de la fe que tuvo nuestro padre Abraham (RVR 1960), la disposición para expresar nuestro compromiso con Dios es más que razonable. Es una señal de consagración permanente que confirma la Biblia.

Conflicto: Obtener la victoria en la guerra espiritual

El hecho de alzar Moisés las manos nos provee uno de los mayores ejemplos de oración intercesora de la Biblia (Éxodo 17). Mientras la batalla contra los amalecitas se enfurece abajo en el valle, Moisés se para encima de la colina, junto con Aarón y Hur, con sus manos en alto sosteniendo su vara en las manos: «Mientras Moisés mantenía los brazos en alto, la batalla se inclinaba en favor de los israelitas; pero cuando los bajaba, se inclinaba a favor de los amalecitas» (v. 11).

Todo el tiempo en que Moisés alzó su vara, Israel prevalecía en la batalla. Pasado un tiempo sus brazos se volvieron tan pesados que él se sentó sobre una gran piedra, y Aarón y Hur sostuvieron sus manos en el aire. Al alzar sus manos Moisés determinó si se obtendría o no la victoria. Quizá el mayor de los llamamientos de la Biblia a la oración intercesora (vea 1 Timoteo 2:1-8) se sella con las manos levantadas: «Quiero, pues, que en todas partes los hombres levanten las manos al cielo con pureza de corazón, sin enojos ni contiendas» (v. 8).

Alguno utilizó una vez el hecho de que esta es la única alusión específica a levantar las manos en el Nuevo Testamento para interrogarme sobre la validez de la práctica. Yo repliqué: «Bien, cuántos textos usted necesita?». Cuando el Señor habla, una vez es suficiente. Pablo le pide a todos «los hombres» (genérico) «en todas partes» a levantar las manos santas en intercesión. Aquellos que buscan la victoria en la oración intercesora alzarán sus manos al Señor.

Confrontación: Ofrecer alabanzas no importa la prueba

Cierta vez cuando David estaba en el desierto de Judá, y huía para salvar su vida, entona este canto lírico al Señor:

«Tu amor es mejor que la vida; por eso mis labios te alabarán. Te bendeciré mientras viva, y alzando mis manos te invocaré (Salmo 63:3-4; vea también 1 Samuel 21-25).

Entender el contexto de estos versículos es darse cuenta lo tiernos que son. Pese a que David enfrenta la probabilidad de la muerte en cada momento, escoge levantar su voz y sus manos al Señor. Pese a la situación que atraviesa, David continúa para afirmar que el amor misericordioso del Señor nunca cambia, que él es siempre digno de nuestra alabanza. Acercarse a Dios con las manos en alto en tiempos de prueba, pero con cantos de alabanza, es una invitación a su omnipotencia para llevarnos más allá de nuestra prueba a su lugar de descanso del alma y tranquilidad interior. Como David, necesitamos lidiar con las cosas que nos pueden crear un desasosiego sin medida y amenazar nuestro bienestar, y mantenernos en alto, alabando a Dios.

Bendición: Llegar a otros

En ocasión de la dedicación del Templo, Salomón pronuncia una grandiosa oración encomendando los caminos de su pueblo al Señor, la que a continuación leemos:

> Salomón había estado ante el altar del Señor, de rodillas y con las manos extendidas hacia el cielo. Cuando terminó de orar y de hacer esta súplica al Señor, se levantó y, puesto de pie, bendijo en voz alta a toda la asamblea de Israel...
>
> 1 Reyes 8:54-55

La palabra hebrea *barak* significa bendecir, y el lexicón interpreta específicamente que la palabra incorpora la idea de «extender las manos». Habiendo levantado sus manos al cielo, entonces Salomón las extiende para bendecir a su pueblo. El doble empleo de sus manos, primero elevadas hacia

Dios en intercesión y entonces extendidas en un acto de bendición dirigido a otros, es un profundo apareo de gestos. La significación espiritual no debe subestimarse. Las manos que se asoman a la presencia del Dios vivo se pueden extender a otros en vida y gracia, como Jesús prometió que lo harían cuando dijo: «Estas señales acompañarán a los que crean… pondrán las manos sobre los enfermos, y éstos recobrarán la salud» (Marcos 16:17-18).

Comprendamos la sabiduría de elevar nuestras manos delante de Dios porque necesitamos el toque de Dios sobre ellas. Si esta fuera la única razón, sería una razón suficiente. Efectivamente, alzar las manos en una parte fundamental del acto de volvernos al Señor, como declara el autor de Lamentaciones: «Hagamos un examen de conciencia y volvamos al camino del Señor. Elevemos al Dios de los cielos nuestro corazón y nuestras manos» (Lamentaciones 3:40-41).

APLAUDIR: CONVENIENCIA Y PROBLEMA

Aparte de cantar, quizá la segunda expresión física de adoración más frecuente en la comunidad global de la iglesia es el batir palmas. Como alzar las manos, los aplausos son un instrumento de alabanza y guerra espiritual, así como un gesto apropiado para dar la bienvenida a la realeza. El Salmo 47:1 es sin duda el versículo más citado sobre el tema: «Aplaudan, pueblos todos; aclamen a Dios con gritos de alegría». El texto no solo legitima la práctica de una parte de nuestra adoración, éste nos exhorta a emplear el aplauso a Dios. El Salmo continúa:

¡Cuán imponente es el Señor Altísimo,
el gran rey de toda la tierra!
Sometió a nuestro dominio las naciones;

puso a los pueblos bajo nuestros pies…

Subió Dios con júbilo, Jehová con sonido de trompeta…

Reinó Dios sobre las naciones:

Se sentó Dios sobre su santo trono.

vv. 2-3, 5, 8

Este es un reconocimiento que declara que él es poderoso, tremendo y glorioso; y que está dispuesto en nuestro favor, que se mueve hacia el lugar de su entronización mientras lo alabamos *ahora mismo*.Nuestra adoración y alabanza son dinámicas, no a causa de la energía de la carne, sino debido a los frutos que ellas rinden. Se prepara un lugar para que el Señor venga, habite y se mueva entre nosotros su pueblo en gloria y poder (vea Salmo 22:3).

Mientras respondemos apropiadamente a la majestad y la bondad de quién es Dios, lo que él ha hecho y la bendición de su presencia en nuestro medio, él responde moviéndose entre nosotros en mayor medida, trayendo su gloria, su esplendor y trasformación. A su vez esto engendra en nosotros más alabanza, dándole más espacio donde habitar, y así continúa el ciclo. Es el mismo escenario del salón del trono del cielo donde se alzan infinitas alabanzas (vea Apocalipsis 4). Esto es el orden de la eternidad, del cual emana siempre la acción creadora del Dios todopoderoso que obra de manera creadora y redentora dondequiera que las personas lo alaban sin cesar.

Todo esto indica con claridad algo más que la conveniencia del batir palmas entre los creyentes mientras adoramos al Dios Vivo; ¡casi sugiere que hacer otra cosa es impropio! Pero es posible que algunos sean reticentes hoy porque es incuestionable que con demasiada frecuencia los aplausos son desordenados, sin sentido y redundantes u ofrecidos descuidadamente como un hábito.

Por ejemplo, percibir la directriz del Salmo 47:1 es ver que ella *une* los aplausos con la expresión de alabanzas. Por supuesto, no es incorrecto aplaudir sin expresar alabanzas, ni expresar alabanzas sin aplaudir. Pero es significativo y se observa con frecuencia desalentadora que en un escenario donde las personas adoran al Señor, una vez que comienzan los aplausos, las expresiones tienden a cesar. Según lo que he observado, los aplausos tienden a sustituir las meditadas expresiones de adoración cuando lo mejor es que se combinen las dos como declara la Palabra.

Aún más, el batir palmas se ha convertido en algo que «en cualquier momento» significa poner un marbete o conclusión sobre algo que ocurre en un servicio. Esto no es de por sí malo, y de hecho, a menudo es bien apropiado. Pero como en todo ritual, tal cual hemos discutido, cualquier cosa que se vuelve un ejercicio inconsciente se convierte en algo espiritualmente vacío.

Cuando el aplauso se usa con entendimiento

Observamos por lo menos cuatro principios bíblicos en acción cuando adoramos batiendo palmas:

1. la declaración de gozo y victoria,
2. la expresión de aprobación o afirmación,
3. el establecimiento de un pacto o la rúbrica de un acuerdo, y
4. el empleo de un poderoso instrumento de la guerra espiritual.

La Declaración de Victoria y Gozo

«Hacer un ruido gozoso» es una expresión del batir palmas. Un racimo de textos confirman esta práctica:

- «aclamen» y rindan [a Dios] «gloriosas alabanzas» (Salmo 66:1, 2);
- «aclamen»… «y toquen… la pandereta» (Salmo 81:1, 2);
- «dichosos los que saben aclamarte» (Salmo 89:15);
- «¡aclamen alegres!… ¡Batan palmas los ríos!» (Salmo 98:4-6, 8);
- «vuelve a reunirnos… para que demos gracias» (Salmo 106:47).

La Biblia afirma y conduce al *triunfo* en la alabanza, y la experiencia humana confirma que la expresión más común que celebra la victoria, que honra el logro o declara el triunfo está acompañada de exclamaciones y los aplausos. La cosa más natural para personas que están alegres es aplaudir; solo vea los que hace un niño como una expresión espontánea de alborozo. La evidencia de la Palabra y las propias tendencias naturales que nos ha dado Dios cuando nos alegramos respaldan esta práctica liberadora. Las expresiones de gozo que celebran la gloriosa bondad de Dios a menudo aconsejan el batir palmas; es algo espiritual, apropiado y bíblico.

La expresión de nuestra aprobación o afirmación

En 2 de Reyes 11 se cuenta la historia de cómo, cuando el rey Ocozías murió, su madre mató a todos los herederos al trono en un intento de apropiárselo. Sin embargo, a Joás lo salvaron y lo escondieron durante seis años hasta que a la edad de siete lo hicieron rey. En ocasión de su coronación, el pueblo aplaudió aprobando el establecimiento del rey de Dios (vea v. 12). De la misma manera, nosotros afirmamos el reinado de nuestro Señor Jesucristo batiendo nuestras palmas. Al aplaudir, damos la bienvenida a la realeza en nuestro medio y damos la bienvenida al Rey a su sitio de legítimo gobierno.

El establecimiento de un pacto o acuerdo

El batir palmas es un arma de la guerra espiritual, de algún modo efectiva como un instrumento que hace retroceder al enemigo. De esta manera aplicamos el aplaudo tal cual se utilizaba a veces en el Antiguo Testamento, como una señal de humillación, desprecio o mofa. En Lamentaciones 2:15, mientras profetizaba sobre la destrucción de Jerusalén, Jeremías dice: «Cuantos pasan por el camino aplauden burlones al verte. Ante ti, bella Jerusalén, hacen muecas». Ejemplos similares aparecen en Ezequiel 25:6 y Nahúm 3:19, así como en Job 27:23 donde, al hablar del maligno, él dice: «Agita las manos y aplaude burlón; entre silbidos, los arranca de su lugar». Al batir palmas, empleamos una de las armas espirituales del arsenal, que trasciende el ámbito natural y visible y hace que el Reino avance contra el poder de las tinieblas en el ámbito invisible y espiritual.

El empleo de un instrumento de guerra espiritual

El aplauso es un arma de guerra espiritual, de alguna manera eficaz como un instrumento que rechaza al enemigo. De esta manera estamos aplicando el aplauso como a veces se usaba en el Antiguo Testamento, como una señal de humillación, desprecio o mofa. En Lamentaciones 2:15, mientras profetizaba sobre la destrucción de Jerusalén, Jeremías dice: «Cuantos pasan por el camino aplauden burlones al verte. Ante ti, bella Jerusalén, hacen muecas». Ejemplos parecidos ocurren en Ezequiel 25:6 y Nahum 3:19, así como también Job 27:23, en el que, hablando acerca del maligno, él dice: «Agita las manos y aplaude burlón; entre silbidos, los arranca de su lugar». Al aplaudir, empleamos uno de los arsenales de las armas espirituales, que trasciende la esfera natural y visible y hacen avanzar el Reino contra las fuerzas oscuras en la esfera invisible.

Un testimonio personal de aplauso en la guerra espiritual

No mucho después que Anna y yo asumiéramos el pastorado de la congregación que más tarde se llamó La Iglesia Sobre el Camino, encontré un reto que al principio solo pareció «humano» en su naturaleza. Sin que buscara una explicación sobrenatural de los obstáculos que enfrentábamos, el Espíritu Santo en su gracia me condujo a descubrir la fuente del bloqueo espiritual: era una abominable opresión demoníaca que existía en ese lugar. Sugerir que hay espíritus de opresión que tienen que ver con edificios puede sonar supersticioso y extraño para algunos, pero no hay duda que tales cosas ocurren.

Al principio, solo «sentí» por momentos algo peculiar en la habitación, pero no hablé una palabra con nadie sobre esto hasta que un día, cuando un trabajador sólido, de mente tosca y no supersticioso de esa pequeña congregación me dijo algo. Era el único miembro que quedaba de la junta de la iglesia cuando heredamos ese grupo de 18 personas, y una noche reconoció sentir una terrible presencia. Observó conmigo cómo esa «cosa» parecía oponerse a cualquier cosa que Dios llevaba a las personas a hacer. No obstante, no fueron sus comentarios lo que me hizo consciente de ello. La primera vez que entré a la habitación lo sentí.

Además, ocurrieron cosas peculiares de vez en cuando (y al parecer habían estado ocurriendo antes que yo llegara); por ejemplo, destellos luminosos, súbitos oscurecimientos inexplicables (que eran más que fallos eléctricos), presencias sombrías. Junto a esas irregularidades ocasionales, aunque no constantes, me dejó «helado» al caminar a través del santuario tras haber apagado las luces y andar un breve tramo hacia la puerta con solo la leve luz ambiental de la calle para mostrarme el camino. Algo muy poco característico en mi caso, sentí temor cuando estaba allí en la oscuridad.

En cuanto a manifestaciones en los servicios, lo principal era una barricada casi indefinible, pero muy real, a la adoración que parecía levantarse *cada vez* que comenzábamos un servicio. No era la gente: Se trataba de personas amables y cooperadoras. Pero era difícil que se abriera paso cualquier expresión de gozo o alabanza; era difícil generar unidad: Era como una matriz estéril; no había *vida* en el ambiente. Moviéndose a través de uno de nuestros servicios durante esa temprana temporada en la iglesia había algo como un forcejeo cuerpo a cuerpo. Nunca me rendí ante ello, puesto que perseveraríamos con paciencia en el canto y la alabanza hasta que se produjera un desenlace. Pero unos meses después de mi llegada, algo sucedió.

Lo que aprendí a hacer puede parecer algo extraño, pero he hallado que la fuerza vital del cuerpo de nuestra iglesia no viene de tratar de parecer gente sofisticada sino de enseñar los principios a los que nos invita el Señor a responder como niños.

Acostumbraba a llegar por la puerta lateral del santuario. Uno no puede hacerlo por la puerta del frente porque se abre por dentro. Y fue una mañana cuando entraba que el Espíritu Santo me concedió una visión, acompañada de una impresión directa que daba a entender que se le había concedido un sitio a una presencia demoníaca en ese santuario mucho antes. No tenía idea de cómo ello ocurrió, y nunca había hecho ninguna sugerencia o acusación sobre quién o qué era la raíz de este cautiverio incrustado en la atmósfera de ese pequeño santuario. Pero desde ese día (sin decirle a nadie en la congregación lo que se me había mostrado) cada vez que entraba solo en el santuario, comenzaría a aplaudir y cantar alabanzas.

Estaba claro para mí que la alabanza a Dios se da como un arma espiritual que puede oponerse a la opresión espiritual.

Las armas con que luchamos no son del mundo, sino que tienen el poder divino para derribar fortalezas. Destruimos... toda altivez que se levanta contra el conocimiento de Dios.

2 Corintios 10:4-5

Los momentos en que estaba solo en el edificio, hice una costumbre el gritar a menudo el nombre de Jesús con gloriosa y elevada alabanza, cantando con el entendimiento y con el Espíritu, y acompañando todo esto con mis aplausos, poniendo en alto el triunfo de la cruz de Jesús sobre el enemigo, de acuerdo con la Palabra de Dios (vea Salmo 47:1; Colosenses 2:14-15).

No parecía necesario o, en ese momento, conveniente, siquiera hablarle a alguien de mis acciones. Hay algunas cosas que el Espíritu le muestra a una persona sobre las que no se debe actuar, ni hablar a otros. Ese era mi sentir sobre esa materia en ese momento. Pero hoy cuento de nuevo la historia aquí, justo como en el capítulo *The Leprous House* («La Casa del Leproso») de mi libro *Worship His Majesty* («Adoren su Majestad») (Regal Books, Ventura, California). Sin ulterior elaboración, es suficiente decir que mi reto a ese «bloqueo» en el ámbito espiritual logró una eventual victoria tras varios meses de la intercesión que he descrito. Y de ese momento en adelante, la iglesia creció en nuestra experiencia de adoración y en la materialización de la presencia de Dios.

Termino con ese testimonio, para no dejarlo con una historia melodramática. Pero a fin de ilustrar una realidad, y para recordarnos a todos un hecho fundamental. Dios busca bendecir a *todo* su pueblo, pero está más libre de hacerlo con aquellos que comprenden y responden a sus caminos y su Palabra: con aquellos que están más dispuestos a adorarlo abiertamente, con libertad y con esa candidez que solo proporcionará una fe sencilla en la naturaleza espiritual de su Palabra.

Como hemos observado en la sencillez de los principios relativos a levantar las manos y aplaudir, quiero enfatizar que no propongo fórmulas o principios mágicos. ¡Nunca! Pero estas son formas de adoración bíblicas que, cuando se aplican con sabiduría bíblica y comprensión espiritual, contienen un gran potencial como claves para que el poder de Dios se derrame entre y a través de su pueblo. Estas son formas de adoración que continúan siendo intemporales y eternas para todo el pueblo de Dios, medios para dar la bienvenida a la majestad del rey en nuestra presencia, para que su esplendor y gobierno se entronice entre nosotros y su gloria se conozca en las naciones…

…y en nuestro vecindario.

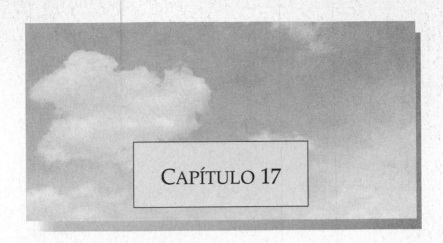

CAPÍTULO 17

Decentemente y con orden

Guiar a otros en la adoración

¿Qué establece una atmósfera de adoración?

Es una pregunta que vale la pena, porque la verdad es que el desorden no es una atmósfera que conduce a invitar a nadie a entrar a su escenario, mucho menos al Dios Vivo. Porque así como los hábitos que se han desarrollado de rigidez en las estructuras del culto o el comedimiento personal pueden obstruir una devota aproximación a Dios, así muchos hábitos de desorden obvio o inconsciente bloquean nuestras mejores aspiraciones en la adoración. El orden en la Iglesia no es un problema nuevo. Surgido de actitudes o acciones contemporáneas; también es un problema que la Iglesia primitiva se vio obligada a enfrentar.

El dilema que enfrentaba la iglesia de Corinto no era su ejercicio de los dones del Espíritu sino su ignorancia a la hora de arreglar las cosas en un servicio de manera que su culto fuera edificante. Buscando ayudarlos a resolverlo, el apóstol Pablo bosqueja los principios de orden para el culto, que hasta el día de hoy proveen un asidero bíblico para el auto análisis. 1 Corintios 14:26-40 todavía señala el camino hacia establecer un clima de sincera adoración, disciplinada por una mentalidad reguladora, enraizada en una máxima que trasciende los siglos como regla de oro para las reuniones de adoración de la iglesia: «Pero hágase todo decentemente y con orden» (v. 40; RVR 1960).

La palabra griega *euskemonos*,traducida «decentemente», tiene que ver con la estética y la conveniencia, y trasmite una combinación de las ideas de belleza y conveniencia en la forma o la ejecución. De cierto el propósito de Pablo en usarla no era una propuesta de «componer» los servicios para hacerlos una forma de arte o un mero estudio del estilo, ni «controlarlos» hasta el punto de imponer obstáculos humanos a la presencia o el movimiento del Espíritu Santo. Más bien, Pablo nos llama a una norma de *conducta*, a principios que equilibran la participación de la congregación en respuesta a la presencia de Dios, bajo el liderazgo de ancianos que son conscientes de mantenerse centrados tanto en los valores que edifican como en la sensibilidad evangelística.

A la belleza y gracia de la «decentemente», se añade el «orden» (*taxis* es la palabra del Nuevo Testamento en este caso). Tiene que ver con la secuencia y la consecuencia, y subraya la idea de que cada cosa tenga «su propio lugar de acuerdo a su naturaleza». De aquí la palabra *taxonomía*, que se usa para titular la ciencia de clasificar la flora y la fauna en el mundo de la biología. Y así «decentemente» y «orden» se combinan para llamarnos a sentir el Espíritu Santo, y para gobernar con corazones iluminados cuando buscamos ofrecer la adoración colectiva como congregaciones, dirigidas con sabiduría y humildad, de manera que la belleza básica de la conducta y la dignidad del orden digno de nuestra entrada delante del trono de Dios resulte en reuniones que sean reconfortantes, alentadoras y edificantes para todos los que asisten.

TEMAS DE DISCERNIMIENTO Y DECISIÓN DEL LIDERAZGO

Con el significado esencial de esas palabras a la vista, déjenme tratar con brevedad varios factores, que, aunque no están de forma directa relacionados con el ejercicio de la adoración, aun son fundamentales para decidir el clima, la atmósfera y la actitud de adoración en una iglesia. Considere como los siguientes factores llama a los que dirigimos a temas de decisiones juiciosas.

A. *Un concepto que motiva*

La naturaleza «planificada» de los servicios eclesiales, en comparación con la adoración privada o las reuniones de grupos pequeños, requiere una respuesta juiciosa a estas preguntas: ¿Han desarrollado los líderes una filosofía de «edificar la iglesia»? O las reuniones solo «obedecen a un hábito», sobre la base de la suposición de que todos «saben» por qué hacemos esto y cómo debemos hacerlo? ¿Está la adoración destinada a llevar las personas ante la presencia de Dios de maneras que atraigan a todos los presentes a unirse conscientemente como corazones abiertos a él? O las reuniones están en sí confeccionadas como una escenografía efectiva, destinada más a invitar personas a «esta habitación», y no necesariamente a enfatizar la cuestión de dirigirlas al salón del trono del cielo?

¿Cuál es su disposición como líder hacia la «iglesia»? Es esta en sí un «evento», o un «dato»? El deseo que motiva reunir la asamblea está dirigido a facilitar el crecimiento y el desarrollo en la vida del cuerpo de la iglesia? ¿O es esencialmente para atraer a la gente, para captar una multitud? Se trata de una diferencia importante, porque la idea de diseñar reuniones apropiadas sobre todo para responder a un «servicio humano» a la larga conducirá al mero crecimiento de una multitud antes que al crecimiento de un pueblo que conoce la maravilla y el poder de la presencia de Dios. Podemos concebir servicios «agradables" o aun «grandiosos», pero en última instancia yo, como líder, tengo que responder a la cuestión de con qué frecuencia dirijo reuniones que materializan encuentros divinos.

Atraer una multitud no es un objetivo sin mérito. Alcanzar a la gente requiere estrategias formuladas a hacer eso. Pero tarde o temprano, yo, como líder debo decidir si estoy dispuesto a discernir la diferencia entre (a) un evento planificado para «celebrar a Dios» (con música de calidad y alabanza alegre) y (b) una reunión destinada a un «encuentro con Dios» (con un apoyo musical efectivo, y alabanzas [alegre] como una «entrada» a su presencia, y una adoración [sensible que indaga] como una *exposición* a su Persona. Así que se debe decidir sobre una atmósfera. Como líder, necesito responder a esta pregunta: ¿Qué grado de adoración, o plena exposición a la presencia y el poder de Dios quiero planificar para dirigir a aquellos a quienes sirvo?

B. *Orden y Decoro*

Las cuestiones de orden y decoro en los servicios de la iglesia se valoran o evalúan muy pocas veces en muchos escenarios. Respecto al «orden», hay concesiones de veras insensibles que se hacen por lo general a las interrupciones. Niños inquietos o sin atención, personas que se mueven al azar, confusas nociones de «libertad espiritual» y otras cuestiones como esas se soportan o toleran con frecuencia por los líderes. Una reunión de adoración y edificación no es una experiencia que tiene lugar «en el portal de mi casa» y no requiere permitir «cualquier cosa» en nombre de la hospitalidad. Al mismo tiempo, la rigidez, las disposiciones legalistas y la administración carente de amor son sofocantes.

¿Qué atmósfera quiere tener la familia de su iglesia en su hogar eclesial? A cada uno le toca decidir, y no estoy llamado a prescribir lo que todo el mundo debe hacer. Sin embargo, a través de los años hemos descubierto que es posible (a) dar la bienvenida a una liberadora presencia del Espíritu Santo, (b) adoptar una generosa hospitalidad hacia los visitantes y todos lo presentes (incluyendo los niños de los visitantes), (c) celebrar con franqueza y energía las glorias del Rey, y (d) con humildad y sensible disposición y reverencia ante la asombrosa presencia de Dios, reservar lugar para el *orden* y el *poder* de Dios, y todo al mismo tiempo, en el mismo culto de adoración.

El decoro se refiere a «la conveniencia, el buen gusto, la conducta o la apariencia, un comportamiento consistente con el normal respeto por sí mismo o los sentimientos humanos de los demás». Aun escribir estas palabras me hace correr el riesgo de estar más preocupado con «agradar al hombre» que con «agradar a Dios» ante algunos que suponen que la verdadera reunión espiritual se debe definir por un desaliño desordenado que no admite ninguna consideración común y corriente.

De nuevo, no presumiré a la hora de definir lo «correcto o incorrecto» de las prácticas de otra congregación en su nombre. Pero he sido testigo de demasiadas indulgencias que violan el buen gusto, si bien se justifican. Pero déjenme ser claro: No propongo una «liturgia eclesiástica» primaria, pero instaría a las iglesias dondequiera a reconsiderar periódicamente qué cantidad de incomodidades se ha acumulado con el tiempo. ¿Qué calurosamente se saluda a la gente *en realidad*? ¿Qué apariencia tienen la plataforma y sus ocupantes, que indique que «Dios es aquí el huésped principal»? Algunos piensan que esas cuestiones no tienen nada que ver con la espiritualidad, pero yo no estoy de acuerdo. Los seres humanos pueden distraerse mucho de lo que un líder (para no mencionar a Dios) trata de lograr si ese líder no siente lo que el talante y el estado de ánimo de la plataforma, y la estructura y sensibilidad de los procedimientos, trasmiten a la gente.

El decoro es importante, no para impresionar a las personas con nuestro estilo, sino para evitar distraerlas con nuestras chapucerías; para evitar distracciones y ayudar a los presentes a centrar su atención en las metas reales del servicio.

C. *Condición de las instalaciones de la iglesia*

Otra cuestión que afecta el clima de adoración es el mantenimiento y la apariencia general del edificio (o edificios) en que se reúne la iglesia. Si las instalaciones están desordenadas, abandonadas o a veces hasta sucias, pueden constituir, por lo menos, otra distracción. Por otra parte, en algunos casos, sin espiritualizar indebidamente la materia, lo confuso de la situación puede tener una dimensión espiritual. He disciplinado a pastores que luchaban en situaciones de absoluto desorden y caos, y juntos descubrimos que ellos no trataban con carne y sangre en el ámbito material. Cuando por último se enfrentaron a la dimensión espiritual del problema, se produjo un cambio radical y se manifestó la gracia de Dios, la que trajo un orden nuevo y belleza a la situación.

Dos veces he pastoreado pequeñas congregaciones en edificios sin relieve. Y he aprendido que vale la pena aplicar a este respecto la máxima: «Lo que haces es lo que tienes». En última instancia, lo elegante de un sitio de reunión no determina la atmósfera, sino la excelencia del cuidado de lo que de hecho se tiene y lo preparado que esté para cada reunión.

D. *Ejercite los dones del Espíritu Santo*

También se necesita considerar la adopción de reglas sobre el ejercicio de los dones espirituales. Como he dicho arriba sobre otras cuestiones, no creo que mi opinión sea conclusiva, aunque hemos aprendido procedimientos satisfactorios que honran las Escrituras y traen libertad a los que adoran.

El liderazgo primario de una congregación tiene que alcanzar un punto de mutuo acuerdo y determinación sobre esto. Como la Biblia dice que el don del espíritu de los profetas está supeditado a los profetas, concluyo que esto provee en esencia cierto nivel de autonomía local —una decisión de *qué* espíritu— sea este santo y bello, humano y aceptable; o ` y egoísta, demoníaco o estrafalario, de aquello que sea religiosamente plástico y dramáticamente sensacional.

Primera de Corintios ofrece un amplio esbozo de principios para una juiciosa auto-disciplina y sostenida claridad de propósito donde se da la bienvenida a los dones del Espíritu en los servicios públicos. Nuestros ancianos han adoptado estos principios profunda y decididamente. Creemos que se debe dar la bienvenida al Espíritu Santo en todos nuestros servicios, y sentimos que excluirlo de cualquier reunión por regulaciones impuestas es algo atrevido. Mejor, según nuestro punto de vista, es aprender a dirigir según las reglas del Espíritu, tal como estas se revelan en la Biblia. A veces las reglas del Espíritu encaran la exageración humana o una ostentación innecesaria. Cuando ello ocurre, una rectificación amable y bien explicada asegura el orden, pero las formas pastorales y amables de hacerlo preservan el espíritu de una santa libertad para que los miembros ministren los dones como el Espíritu decida distribuirlos en ocasión de alguna reunión pública.

PROBLEMAS DE ADORACIÓN EN LA BIBLIA

Conducir un servicio en forma, orden, dignidad, decoro y gracia requiere preparación. La razón de que un servicio transcurra como debe —sobre todo en lo que toca a la adoración— es que a menudo tratamos con la lentitud y resistencia humana al cambio. Puede que no sean acciones premeditadas, pero aun entre los más sinceros creyentes ellas reflejan la naturaleza humana. Pero enfrentamos más que la potencial resistencia humana. Cuando se trata de temas cruciales como el poder de Dios que irrumpe sobre las personas, podemos contar tarde o temprano con la oposición satánica o un espíritu de manifiesta confusión religiosa.

Por lo menos cuatro ejemplos de la Escritura ilustran una adoración desencaminada:

- A solo cuatro capítulos del comienzo de Génesis, encontramos en Caín el primer ejemplo de resistencia a la adoración y la mala disposición para aceptar el orden divino.
- Siete capítulos más tarde, en Génesis 11, la Torre de Babel muestra el intento humano de utilizar la arquitectura antes que la humildad en la adoración para lograr un efectivo acercamiento a Dios. ¿Puede esta falsa ilusión encontrar todavía un lugar en cualquier ambiente donde pensemos que un mejor edificio será la clave de nuestro éxito, o que un mero acicalamiento del santuario es lo que prepara un sitio para encontrar a Dios? Mientras los edificios y un auditorio acondicionado no carecen de importancia, la preocupación con las formas estructurales pueden ser falsas ilusiones.
- En Números 3:4, Nadab y Abiú intentan ofrecer «sacrificios con fuego profano» delante del Señor, en lugar de la fórmula prescrita por Dios para el incienso que debía ofrecerse en la adoración de Israel. Su desatino condujo a los desastrosos resultados que la divinidad advirtió de antemano. De manera similar, se nos ha advertido bien a discernir nuestro potencial para ofrecer «fuego profano» a Dios. Hay orientaciones y prácticas bíblicas, principios e inviolables conceptos para la adoración del Nuevo Testa-

mento. Violarlos puede que no produzca cuerpos muertos, pero puede resultar en una congregación que sea un «cuerpo muerto». Nuestro «fuego» no es un sustituto del «fuego que viene de arriba» —el Espíritu Santo que se derrama y se vierte sobre un pueblo que exalta a Jesucristo, que honra la Palabra de Dios y se reúne para encontrarse con él— ni para cumplir su propia agenda.

- En Éxodo 32 se desarrolla el devastador y mortal relato del horrible uso abusivo de la encomienda sacerdotal de Aarón. Él hizo una concesión a las preferencias de su congregación y erigió un becerro de oro *con sus manos* porque eso era lo que *el gusto de su congregación* demandaba. Cuán dolorosamente muestra el episodio a un líder que amolda el culto para satisfacer las demandas de un pueblo, en lugar de educarlo y dirigirlo con paciencia y fidelidad a adorar a Dios como él nos ha llamado a adorarlo y servirlo.

HAY QUE EVITAR LOS RITUALES MORTECINOS

No hay mérito alguno en ninguna actividad si no comprendemos lo que hacemos y porqué lo hacemos. Sin una esmerada enseñanza, las prácticas se vuelven incomprensibles, respuestas habituales carentes de energía vital. No son necesariamente subproductos de la dureza del corazón o de resentimiento hacia Dios; pueden ser solo el resultado de la falta de un liderazgo efectivo.

Jesús dijo, citando del libro de Isaías: «Este pueblo me honra con los labios, pero su corazón está lejos de mí» (Mateo 15:8).

Un líder sabio asistirá y alertará siempre a su pueblo para que no sucumba al síndrome de adorar con los labios y no con el corazón. El mejor y más sincero de entre nosotros es un candidato potencial a sucumbir al problema. Un buen atisbo de las orientaciones bíblicas para evitar los rituales opacos se

observa en las directivas de Dios concernientes a la celebra-
ción de la Pascua. A los padres se les instruía a enseñar a sus
hijos porqué se celebraba el ritual; al hacerlo, su adoración
motivaba un «¿Por qué?» de los hijos. Por simple que parezca
el registro, se trata de una advertencia divina contra prácticas
del culto que pueden convertirse con demasiada facilidad en
respuestas sin sentido o formalidades vacías. Ninguno de nosotros puede ejecutar una formalidad y perderse la sustancia.

Una de las cosas que caracterizaban mi propia disposición
a adorar, en mi clásico trasfondo Pentecostal, es lo que he
llegado a llamar «el síndrome de los setenta segundos». Die-
cisiete segundos (aunque de hecho nunca los cronometré)
era el tiempo aproximado que tomaba una invitación a una
alabanza pública convenida por la congregación hasta el
momento en que sus alabanzas verbales se silenciaban poco
a poco. Era característico que por lo general una persona o
parte del grupo sostuviera la alabanza por más tiempo y en
tono más elevado que el resto; era bastante más que medio
minuto. El problema que esto reflejaba para mí no era ni la
duración ni el volumen de la alabanza, sino el hecho de que
un *habito* de alabanza, no obstante lo sincero del intento, se
convertía en una respuesta tan automática y condicionada
que se podía predecir su duración.

Esto reflejaba más que cualquier otra cosa que el ritual su-
gería una ausencia de concentración, aunque había allí continuación de la tradición. En breve, estaba bien que
«alabáramos al Señor unidos y en voz alta en nuestra iglesia».
Pero no estaba bien que una duración predecible confirmara
la ausencia de un tema fresco y consciente como *motivo* de la
alabanza. En pocas palabras, la actividad se había convertido
en el motivo, no la Persona que adoramos o las recientes bendiciones específicas que ameritaban alabar a Dios.

Por supuesto, aun hacer tantas observaciones encierra la posibilidad de que lo cataloguen a uno como puntilloso o criticón. No soy ninguna de las dos cosas, pero busco señalar a cada uno de nosotros que dirige la necesidad de ayudar a aquellos que dirigimos para que hagan algo más que «atenerse a la liturgia».

La Escritura habla además del exceso de bagaje que se puede acumular alrededor del culto. Los cambistas del Templo y la actitud de los fariseos hacia el sábado son dos ejemplos clásicos en el ministerio de Jesús (por ejemplo, vea Mateo 12; Lucas 13; Juan 2). En la mente de los judíos, estas dos cuestiones eran aspectos centrales del culto. Teóricamente, los cambistas estaban allí para facilitar el culto al permitirle a los que llegaban a los terrenos del Templo, tanto locales como extranjeros, utilizar una moneda común. La pasión de los líderes religiosos por el sábado era, de acuerdo con su ideología, una pasión para asegurar que se honrara como es debido los mandamientos de Dios tal como ellos habían llegado a apreciar sus requerimientos. Pero estas dos cuestiones se habían dogmatizado, enquistado y atado por la tradición humana. Esa es la razón por la que Jesús trastornó las mesas de los cambistas, y también porqué discutió con convincente lógica al enfrentar a aquellos que desafiaron su aplicación del principio del sábado. ¡Ello provocó tal reacción que la gente quiso quitarle la vida en el acto!

Otro caso es cómo los corintios ejercitaban el bello beneficio de hablar en lenguas, pero abusaban su finalidad con la intrusión de un hábito espiritual dentro de un escenario donde muchos de los presentes no estaban conscientes del valor de este precioso don, o eran incrédulos que se quedarían perplejos ante sus palabras y se distraerían de la búsqueda del Señor. Esa observación de Pablo es importante, pero nunca se debe confundir sus palabras como si fueran una desautorización de hablar en lenguas. Una simple lectura de 1 Corintios 14 confirma el hecho de que apreciaron la observación y ella ocupó un lugar apropiado en la vida de cada creyente, tanto en la perspectiva de Pablo como en la iglesia apostólica en general.

Cada uno de estos ejemplos bíblicos demuestra que la intrusión de problemas en las reuniones de adoración no es algo peculiar de nuestra propia era. Ellas han ocurrido a través de las edades, y los líderes sabios encuentran maneras de resolverlas en lugar de desestimarlas o evitarlas ante el temor de la confiabilidad, o la respuesta, de aquellos a quienes se corrige o se enseña.

SENSIBILIDAD POR LAS ESTACIONES

Urjo a los pastores y líderes de congregaciones locales —sobre todo a los pastores principales— a ir más allá de la mentalidad de «este servicio particular». Al enseñar, siempre tengo en mente que esta reunión particular es una parte que se añade a un programa mayor de discipulado que persigo con las personas a las que sirvo. Cada servicio es único, por supuesto. Y hay día que son tipo *carpe deim*, días que hay que aprovechar de acuerdo con el propósito y el cronograma de Dios. Pero la sensibilidad por las estaciones (a) de una gran formación de congregaciones, y (b) por lo que Cristo hace en su Iglesia, su nación, nuestro mundo, es esencial, y cada culto de adoración merece celebrarse en ese contexto mayor como el líder lo ve. Sí, hay momentos de cambios radicales; sí, hay momentos casi explosivos de manifestación divina. Pero en la vida diaria de una congregación, las cosas que moldean la vida de la iglesia ocurren por lo general en períodos de tiempo demasiado largos: de tres a seis semanas, de dos a tres meses; momentos que se incrementan durante los cuales el Espíritu Santo habla, se mueve, dirige y ministra. La sensibilidad de un líder hacia el Señor es esencial.

Las estaciones notables u ocasiones feriadas —como la Navidad y el tiempo de Pascua, vacaciones de verano, la mentalidad que acompaña el regreso a casa en septiembre, el Año Nuevo en que prevalece la actitud de un nuevo comienzo— son, más que momentos culturales, oportunidades potencialmente espirituales para relacionar la disposición humana a un nivel natural con las realidades espirituales en el plano eterno. No es cuestión de dictarle a Dios que haga esto o aquello porque es (por ejemplo) el tiempo de Navidad. Pero seríamos sabios si reconociéramos que él comprende nuestra condición de criaturas: «El conoce nuestra condición; sabe que somos de barro» (Salmo 103:14). Dios sabe que las diferentes estaciones sobre la tierra, ya sean climáticas o culturales, adoptan diferentes aspectos de tipo emocional, físico y mental. No se sorprenda de que él guíe al líder sensible sobre cómo maximizar la posibilidad de emplear las «estaciones» para el desarrollo de las vidas y corazones de su pueblo.

INDICADORES DEL LIDERAZGO

1. Una variedad en el método sensible y con discernimiento de espíritu

Es importante que evitemos la trampa de adorar a Dios de la misma manera cada vez que nos reunimos. Algunas veces nos arrodillamos, a veces aplaudimos, a veces cantamos en el Espíritu, pero no haremos necesariamente todas estas cosas en cada ocasión. Las novedades no alteran esto, pero se busca dirección en la oración.

¿Cómo, preguntaría usted, se puede determinar lo que es apropiado de acuerdo con la situación? A veces no lo sabremos hasta que estemos en la situación y el Espíritu Santo nos lo indique. Sin embargo, por lo general, cuando oramos por un servicio y preguntamos a Dios en qué dirección quiere guiarnos, él comenzará a dirigirnos. Cuando hayamos descubierto la dirección general que tomará el servicio, podemos comenzar a pensar más específicamente sobre la práctica de adoración que contribuirá a ese objetivo.

Al prepararnos para el servicio, necesitamos formular tres preguntas:

1. ¿Qué dice el Señor sobre lo que debe versar este servicio?
2. ¿Qué hace el Señor en nuestra iglesia en este momento?
3. Qué modelo acostumbramos a usar (o repeticiones indebidas) de cualquier pieza particular de música o expresión de alabanza?

Las variaciones en la comunicación o la expresión son esenciales. Lo que decimos mientras guiamos a las personas no se debe convertir en un eslogan. Toda comunicación debe tener integridad, no palabras dichas como de pasada ni observaciones trilladas o primorosas, sino más bien: «El que habla, hágalo como quien expresa las mismas palabras de Dios» (1 Pedro 4:11). El tiempo limitado que un servicio de adoración concede para moldear, discipular, confortar o evangelizar es demasiado precioso como para desperdiciarlo. Aun el humor, aunque muy deseable, debe ser comedido a riesgo de trivializar lo eterno o convertirse en un fin en sí mismo. La frecuencia con que se emplean diferentes ejercicios de adoración está determinada por la perspectiva que ofrece el Espíritu Santo sobre ese servicio. En mi escenario pastoral dirigimos en formas que tienden a engendrar alabanzas verbales así como canciones, y manos levantadas y también cabezas que se alzan gozosas en casi cada servicio. Esas expresiones son constantes. Pero más allá de lo que ya he escrito en relación con las expresiones físicas de adoración, las siguientes consideraciones adicionales sobre un cambio de estrategia pueden proveer orientaciones útiles.

2. Sensibilidad práctica en la selección de música de adoración

Nuestra música de adoración necesita ser variada. Los líderes deben preguntarse a sí mismos: «Cantamos un himno con frecuencia ahora mismo porque subraya algo que el Espíritu Santo dice a la iglesia? ¿Se trata de un himno que hemos acabado de aprender que queremos establecer en el repertorio de la congregación? O es un himno que hemos cantado tantas veces que debemos declarar una moratoria en cuanto a él durante cierto tiempo?

De acuerdo con mis observaciones, por lo general no más de un himno que tenga verdadera permanencia se introduce en un año en la vida de la iglesia. Algunos himnos poseen una calidad eterna y se cantarán en los años por venir. Pero ha habido cientos y cientos de buenos coros que han llegado, prestado un buen servicio durante un período de tiempo y luego han desaparecido. Son proféticos en el sentido que son «en parte», nacidos del Espíritu «para una temporada». Sin embargo, el liderazgo sabio discierne cuando un himno como ese agota su utilidad espiritual y se convierte en «letra muerta» en lugar de «palabra viva», que obra en contra de lo que antes el Señor quería lograr con él.

Es importante tener una afluencia estudiada y devota de nuevos himnos. Ocho veces la Escritura dice: «Canten al Señor una nueva canción», y en medio de la profusión de música de adoración que viene de la familia universal de la iglesia, se convierte en responsabilidad del líder encontrar y utilizar aquella que vigorizará y renovará la vida de adoración de la iglesia.

3. Compañerismo de siervo devoto con los cantantes y músicos del culto

La cooperación entre el equipo de adoración y el pastor es de importancia fundamental. Hay cierto número de diferentes posibilidades y combinaciones en la constitución del equipo de adoración. Cualquiera que sea la distribución de los músicos y cantores, es la responsabilidad del líder principal de la congregación estar en contacto con ese grupo, con regularidad reunirse con ellos en oración y discutiendo lo que el Espíritu Santo dice a la iglesia en este momento. Si eso no ocurre, entonces el pastor pierde el derecho a llegar a un acuerdo sobre cuál es la prioridad de la adoración en la vida de la iglesia.

Puede parecer muy espiritual para el pastor decir que él confía en el equipo de adoración. Pero no es una cuestión de confianza; es una cuestión de *gobernar* espiritualmente, con amor y devoción de siervo. Es una cuestión de estar juntos al tanto de lo que el Señor hace en la iglesia, y eso es una responsabilidad integral del líder de la congregación. Las consultas y discusiones entre el pastor y el equipo de adoración tienen que formar parte de la vida de adoración de la iglesia.

Hay una amplia gama de especificidades que deben discutirse entre el pastor y el equipo; solo mencionaré algunas. ¿Cómo se manejarán las transiciones en el servicio? ¿Cómo se manejarán las introducciones tanto de los cantos como de otras partes del servicio? ¿Cómo terminará el servicio? Todas estas cosas tienen una gran importancia para el discurrir del servicio. La congregación calibrará enseguida si el abordaje es fortuito, lo que a su vez afectará su respuesta.

La coordinación de un servicio de adoración puede parecer algo de significado solo psicológico, pero si no se atienden estos aspectos, ellos distraerán a la congregación del cometido de adorar. El asunto no es dar al servicio un lustre profesional, sino hacer todo lo posible para poner en condiciones a la gente de adorar a Dios a plenitud. Tratamos con la naturaleza humana. Ni siquiera hablo de la naturaleza humana caída, sino de la manera en que funciona la psicología de las personas. Una falla a la hora de atender a estas cuestiones será contraproducente en cuanto a lo que la iglesia busca lograr en la adoración. Se puede afirmar que ello también impedirá la obra del Espíritu Santo porque él le ha dado al pastor la tarea de dirección en estas materias. Necesitamos tratar de alcanzar una estructura que ayudará a las personas a responder y moverse al unísono de una manera suave, ordenada y amable, y vale la pena el tiempo que lleva trabajar con los músicos para lograrlo.

Con respecto a esto mismo, permítanme hablar de la necesidad de otorgar una cuidadosa consideración al papel de los coros. Los coros y la música especial pueden con facilidad dominar un culto. En la vida de adoración del pueblo de Israel, nunca los coros estuvieron destinados a realizar una función. *No se intentaba que el coro sustituyera la alabanza del pueblo hacia el Señor sino a estimularla.* Nosotros nos hemos movidos hacia el polo opuesto, y el departamento de música con facilidad se convierte, como suele decirse, en el «departamento de guerra» de la iglesia. Esto es más que un comentario bonito; es un reto espiritual de lo que debemos evitar. El ministerio de la música es el lugar más probable donde se puede anticipar al adversario, y esto no debe llegar como una sorpresa: Lucifer era el líder de adoración del universo hasta que perdió su posición (vea Isaías 14). ¡No asombra que la adoración pueda convertirse en un tema tan disputado! Él todavía persiste en sus esfuerzos por desviar la atención del culto a Dios, y de «¡atraer toda la atención sobre mí… o cualquier otra cosa!».

Sea cual sea la actividad que se emprenda en la adoración, siempre me crea un gran desasosiego si esta se convierte en un corrillo privado de la elite, en el domino protegido de un pequeño grupo de gente dotada que tiene poca paciencia con personas de menos talento, o con otros ajenos a ellos. Los verdaderos dirigentes del culto —músicos y cantantes— cultivarán el ministerio de otros como un medio de compartir sus dones, no de protegerlos.

4. Incrementar la participación de la congregación

Estoy convencido de que la clave principal para dirigir a la gente —una congregación, todo el cuerpo de una iglesia— hacia una adoración vital es por medio de una planificación devota y apasionada y una casi desesperada búsqueda de Dios. En última instancia, el liderazgo del culto (con el pastor al frente) necesita dedicar tiempo a prepararse devota y cuidadosamente para el culto.

En mi experiencia, esto involucra a tres o cuatro integrantes del equipo primario que buscan discernir lo que el Señor quiere hacer esta vez entre aquellos de su pueblo que tenemos el privilegio de dirigir. Estoy convencido de que esto es decisivo para engendrar una buena disposición y un grado de reacción entre la congregación. Central para que eso ocurra, aun antes que se reúna la gente, está la estimación y la pasión que se manifiesta por ellos delante de Dios.

En los primeros días de mi pastorado en la Iglesia Sobre el Camino, cuando había cincuenta o sesenta personas en la congregación, por lo general pasaba tiempo los sábados por la noche preparándome para el servicio. Oraría en el santuario de la iglesia; elevaba una breve oración sobre cada asiento, y mientras hacía esto me movía a través del aposento pidiéndole al Señor que sensibilizara mi corazón. Quería conocer lo que tenía en su corazón para cada individuo que se congregaría para adorar. «Señor», oraba, «que no perdamos a *ninguno*,que no dejemos de tocar *a cada uno* que se congrega aquí con lo que tienes para darles».

En ese momento podía orar por toda la congregación nombre por nombre. De hecho, tenía los nombres en tarjetas y pondría cada una en un asiento (no necesariamente donde la persona se sentaba) y oraría por cada uno. Hoy, más de quince años después, aunque no ya con un conjunto de tarjetas, todavía es una práctica de nuestros líderes orar a lo largo del edificio cada sábado, invitando al Dios Vivo a moverse una vez más entre nosotros, a tocar cada corazón e ir al encuentro de cada necesidad. Una de mis canciones expresa esta hambre:

> Que el toque de tu vida, y la vida de tu toque
> Descanse sobre todo el que viene a este lugar.
> Que la verdad de Tu amor, y el amor de tu verdad
> Nos llene a todos mientras nos llenas con Tu gracia.

Y otra,

> Aquí estamos una vez más, en este lugar delante de Ti;
> Aquí estamos una vez más, venimos a alabarte y ado-
>   rarte.
> Que tu presencia llene nuestra alabanza,
> Derrama tu amor a través de nuestras manos
> Mientras llegamos a Ti, mientras te adoramos, bendito
>   Señor.

> J. W. H.

En estos momentos en oración, le he preguntado al Señor cómo puedo ayudar al rescate de cada persona. Sé que si se puede llevar con gentileza a esa persona a participar de forma activa en la adoración, ello traerá con el tiempo un cambio radical, no solo en la vida del creyente individual, sino para su familia y su más amplio círculo de influencia también. Se torna claro que al principio se libera a uno, entonces a dos o tres, y entonces a otros de la congregación, todo el cuerpo de la congregación comenzará a venir y disfrutar «de las bondades del Señor» (Jeremías 31:12).

Dirigir a una congregación en el culto no es una cuestión de un momento de inspiración. Ello comienza con el reconocimiento de que la gente viene a la iglesia con sus preocupaciones, pesares y fastidios. Además, estoy persuadido de que hay emisarios malignos cuya única encomienda es extender la confusión y el pandemonio del infierno sobre los hogares cristianos el domingo en la mañana, tratar de mantener al pueblo de Dios apartado, o por lo menos de que lleguen a la iglesia con un sentimiento de frustración o división nacido del estrés del levantarse y estar listos para llegar allí en las dos horas precedentes.

Tome en cuenta esto: Por lo menos el diez por ciento de las personas que usted dirige que llegan a un servicio dominical habrán arribado tras enfrentar algún tipo de batalla o distracción… ¡ese día! Debemos salir al encuentro de las personas donde ellas están y, con sensibilidad y amor pastoral, llevarlas hacia lo que necesitan. Debemos en fin llevarlas a aquello por lo cual han venido como ovejas hambrientas, agobiadas por los días que han sido perseguidas por nuestro común adversario. Las personas quieren adorar a Dios o no estarían en la iglesia. Necesitan encontrarlo, aun si dudan merecerlo, y Dios quiere salir al encuentro de ellas, ¡también! Y usted y yo, como sus líderes, somos los intermediarios entregados a orar y allanar el camino aun antes de reunirnos; a amar y guiar el rebaño cuando arriben; a ayudarlos a conectarse de tal manera que lleguen a estar prontos—y en consecuencia hayan ganado en espiritualidad y riqueza por haber estado en el culto.

Venga tu Reino

Era otra noche de sábado y otro momento de oración a lo largo del santuario. Mientras paseaba despacio a lo largo de cada pasillo de asientos, colocando con suavidad la mano sobre el espaldar de cada asiento, capté una imagen del Salvador, algo parecido a como Juan lo describe en Apocalipsis 19, cabalgando sobre un caballo blanco. ¡El pasaje anuncia un día postrero cuando él vendrá y se le proclamará en todo el universo como Rey de reyes y Señor de señores!

Pero mi sensación fue momentánea; una sensación de que Jesús estaba listo a cabalgar allí… ¡*mañana*! No se le dijo palabra alguna a mi espíritu, pero la imagen de Cristo el Conquistador, cabalgando sobre un poderoso caballo, criado con una disposición para la ir a la carga, cautivó mi alma. Y en ese momento una canción brotó de mi corazón. Ella resumía mi anhelo por los cultos del siguiente día, de la misma forma que me habla siempre en cuanto a mi búsqueda de su presencia manifiesta entre nosotros.

Todo lo que he ofrecido de mis pensamientos a los líderes, en relación con los servicios que tiene a su cargo nuestro liderazgo de tal manera que todo sea decentemente y con orden, no se escribe aquí para sugerir que tengo la última palabra al aconsejar cualquier cosa. Pero he aprendido unas cuantas cosas y las someto para que las utilicemos con la esperanza de que cualquier resultado beneficioso para ustedes se manifieste en sus oraciones por aquello que mi canción aclama, y en que sus congregaciones experimenten el bondadoso don divino de una respuesta de amplias dimensiones:

¡Que venga tu Reino! ¡Tu Reino venga!
En el poderoso Nombre de Jesús, ¡venga tu Reino!
Oh Dios sobre todo tiempo y espacio,
Ven con poder y llena este lugar,
Con gran misericordia, amor y gracia:
¡Venga tu Reino!

J. W. H.

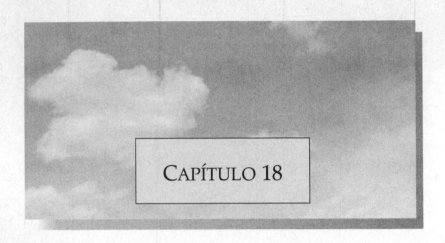

Capítulo 18

Una reunión ante el trono de Dios

La última escena de la adoración

Pocos creyentes conocerán el nombre de Harold Jefferies, un pastor que, a lo largo de más de setenta años de liderazgo, fue un modelo que influyó sobre la unidad de la Iglesia, en gran parte desde la base de su pastorado en la Iglesia Cuadrangular de Pórtland, Oregón.

Harold y su esposa, Ione, se convirtieron en personas muy respetadas y muy bien recibidas a lo largo de toda la comunidad evangélica en una época cuando cualquier líder Pentecostal era susceptible de acusaciones de estar cuando menos en un gran error y cuando más un error satánico. El liderazgo de Harold estableció un hito para la unidad de la iglesia cuando abrió el camino a una amplia cooperación citadina en 1950, momento en que recién comenzaban a ser de impacto global las primeras cruzadas de Billy Graham. Harold fue un frecuente orador en las conferencias de los pastores de Asia bajo los auspicios de *Visión Mundial*, allanando el camino para remover los obstáculos que estorbaban la mutua confianza entre los líderes de las tradiciones bautista y de la Iglesia Bíblica y las de los pentecostales clásicos y la fraternidad carismática.

Para mí son inolvidables las palabras de un mensaje que llevó a la convención anual de su propia denominación en la década del 1970. Él había tomado su texto de Hechos 2:1-4, un pasaje predecible para un sermón de Pentecostés. Pero sus observaciones sobre ese texto se han quedado grabadas en mi mente hasta el día de hoy, llenas de esperanza y expectativas de que sus predicciones fueran una profecía que nosotros viéramos realizarse en nuestro tiempo.

«Hay una secuencia que el texto apunta», dijo él. «Este comienza diciendo: «Estaban todos juntos en el mismo lugar», en oración y adorando delante del Señor. Segundo, dice que «estaban reunidos…», unidos en su sinceridad ante la presencia y el poder de Dios. Tercero, el texto describe cómo «de repente… todos fueron llenos del Espíritu Santo».

Mientras cito sus siguientes palabras, déjenme recordarles que este mensaje se ofreció a mediados de la década del 1970. «Estoy impresionado con esta secuencia», continuó Harold. Estoy muy, pero muy conmovido como lo están muchos de ustedes. Me siento tocado en lo profundo por lo que Dios hace en la Iglesia alrededor del mundo; inundando a las huestes de su propio pueblo con un avivamiento del poder del Espíritu Santo, con independencia de cualquier denominación, doctrinas o tradiciones históricas que difieren.

«A la luz de ese hecho, me maravillo de una posibilidad. ¿Es posible que, en nuestro tiempo, estemos experimentando el comienzo de una secuencia *inversa* de estas tres cosas, que al final de la historia de la Iglesia se complete un ciclo mientras retrocedemos *a través* de esas cualidades de radical cambio espiritual que le dieron inicio?

«Una secuencia *inversa* sería algo como esto: «Primero, así como se derramó sobre ellos el poder del Espíritu Santo, somos testigos de un derramamiento de su poder de una forma muy parecida, cual se mueve de manera tan maravillosa el Espíritu a lo largo de toda la Iglesia hoy, a través de la faz de la tierra.

«Segundo, así como estaban juntos mientras buscaban al Señor en oración y adoración, ¿puede que los inicios de la presente renovación de la adoración por el Espíritu sea hoy el medio de llevar a la Iglesia a una nueva unidad? ¿Al ir poniéndose de acuerdo, los creyentes se unen en una nueva forma de alabar y honrar a Dios? Y si ese es el caso, fíjese por favor en la cosa final de esta secuencia *inversa* : "Estaban todos juntos en el mismo lugar" ».

Con eso, Harold se sintió animado en su espíritu. «Me pregunto», dijo: «si estuviéramos a punto de experimentar eso; si este *movimiento* de efusión global del Espíritu Santo y este *movimiento* que se levanta hacia una unidad más profunda a través de la adoración no son una señal para todos nosotros de que «estamos a punto de ser llevados a UN SOLO LUGAR ¡a escuchar de cerca la trompeta que nos llama a todos a la presencia de Dios a la venida de Nuestro Señor Jesucristo!».

¡Qué bien recuerdo el salto de mi corazón con un sentido del deseo del Espíritu Santo para que una visión como esa llenara la Iglesia en todas partes! Por supuesto, no que todo el mundo esté de acuerdo con la idea de Harold de la secuencia inversa, sino que cada creyente se abra al llamado del Espíritu de que haga algo más que separarnos, algo más que instaurar entre nosotros una adoración por separado.

UN PEQUEÑO ESFUERZO

Harold Jefferies era un modelo en la búsqueda de una amorosa unidad en el Espíritu entre los miembros del cuerpo de Cristo. Su valiosa y apropiada bienvenida más allá de su propia denominación hacia los más amplios círculos de la Iglesia me impulsó a hacerle una petición. Mi esposa y yo asistíamos a una conferencia de pastores en la cual el pastor Jefferies y su esposa ministraban a aproximadamente al mismo tiempo cuando trajo el mensaje que he citado arriba.

«Dr. Jefferies», solicité: «A Anna y a mí nos gustaría tener una breve entrevista con usted y la señora Jefferies antes de que termine la conferencia». Su amable reconocimiento de nosotros como líderes más jóvenes que surgían en nuestra fraternidad de iglesias nos llevó a creer correctamente que no consideraría esto como una imposición. «Simplemente queríamos que usted nos impusiera las manos y orara por nuestro futuro ministerio», expliqué.

Lo que ocurrió al día siguiente fue un momento que estuvo, para mí, imbuido de una solicitud parecida a la que Elías hizo a Dios de que el manto «de sinceridad y aceptación de otros dentro del Cuerpo de Cristo» que poseía el Dr. Jefferies, me fuera concedido. Aunque no pedí específicamente eso, excepto en mi oración personal al Señor en ese momento, más tarde tuve el privilegio de contarle la sentida esperanza que albergué en el momento en que oramos. Tenía más de noventa años de edad, y la gracia de Dios derramada sobre mi propia vida —como alguien bien recibido a través de la mayoría de las líneas eclesiásticas e institucionales de la Iglesia— él la conocía. Fue un momento emocionante porque me permitió honrar al hombre que había influido tanto sobre mí al modelar tal actitud de siervo hacia el ministerio de la Iglesia.

LA CONFERENCIA OTOÑAL DEL REY

A través de los años, por medio de un evento anual que planeé, y que he dirigido por más de treinta años, hemos impulsado un pequeño esfuerzo que demuestra nuestro propósito de que la iglesia pueda reunirse, ponerse de acuerdo y funcionar como una poderosa fraternidad cuando decidimos congregarnos a los *pies de Jesús en adoración*. La Conferencia Otoñal del Rey ha provisto una oportunidad para que pastores y líderes de todas partes de la Iglesia se reúnan para adorar, crecer en la adoración y vincular a ella verdades bíblicas prácticas. Entre el lunes y el miércoles de la segunda semana de cada mes de noviembre el liderazgo de la Iglesia ha sido testigo de una demostración de unidad cristiana, de una adoración que honra a Cristo y un discipulado centrado en Cristo.

Menciono la Conferencia Otoñal de Liderazgo porque ella permite una ilustración, la presentación de una pequeña imagen de la confianza y unidad que puede tener lugar cuando el Salmo 133:1-3 se encarna entre nosotros:

> ¡Cuán y cuán agradable es
> que los hermanos convivan en armonía!
> Es como el buen aceite que, desde la cabeza,
> va descendiendo por la barba,
> por la barba de Aarón,
> hasta el borde de sus vestiduras…
> Donde se da esta armonía,
> el SEÑOR concede bendición y vida eterna.

Si fuera a mostrarle una lista de los hombres y mujeres que han aceptado mi invitación a hablar en nuestras conferencias, verían allí reflejadas muchos y variados sectores del Cuerpo de Cristo en Norteamérica; pocos habrían alguna vez esperado que ellos concurrieran al mismo punto de reunión. No obstante, vinieron, y creo que cada uno hace la fuerte contribución que hacen —enriqueciendo enormemente la muy diversa reunión presente— por tres razones:

1. Hay un vínculo de confianza entre cada uno y yo mismo. Al conocer nuestras distinciones y diferencias, confiamos unos en los otros, y ellos se disponen con facilidad a compartir conmigo el ministrar a otros.
2. Ellos creen que no se les pide que sean distintos a lo que son, a reflejar otras convicciones que las propias o a sugerir que respaldan ninguno o todos de los ministerios o personas representadas. En breve, se da la bienvenida a que cada orador sea lo que Cristo ha hecho de él o ella.
3. Todos comprenden que nos congregamos alrededor del trono de Dios para adorar, y alrededor de la Palabra para estudiarla; que el Espíritu Santo es bienvenido, pero que no somos una banda «todo se acepta» de fanáticos temerarios.

Usted quizá identificaría algunos de sus oradores y líderes favoritos de la Iglesia mayor de nuestro Señor Jesús entre los participantes de la conferencia. Puedo decirle que la lista contiene muchos de los míos (Todavía no he sido capaz de invitar a todos, pero tampoco he rechazado nunca a nadie por otra cosa que motivos prácticos de la programación, nunca a causa de «diferencias».)

Mientras nuestro estudio conjunto de estas páginas comienzan a acercarse a una conclusión, quiero subrayar mi pasión por que *toda la iglesia se una para adorar* AHORA. A la luz del hecho de que al final haremos eso —adorarlo a él como *un cuerpo*— mi corazón anhela que crezca la obra del Espíritu Santo entre nosotros hoy. Pero por favor entienda: Sé que un corazón mucho mayor anhela esto, y seríamos sabios al adorar si escuchamos los latidos del corazón divino y buscamos acomodar el ritmo de nuestras búsquedas a su tempo.

Un eterno clamor del corazón

La oración comenzó en los labios del Fundador de la Iglesia, pronunciada con pasión en vísperas de su crucifixión: «Padre, [te pido] que sean uno…» En Juan 17, Jesús pronunció esas palabras *cinco veces*. Y no obstante el eterno clamor de su corazón, una inflexible insistencia abunda a lo largo de la Iglesia…

> …insistir en requerimientos litúrgicos precisos (que en última instancia dividen)
> …importunos matices de opiniones doctrinales (que en última instancia dividen)
> …ensayar antiguos argumentos contra los hermanos (lo que en última instancia divide)
> …criticar distintas formas de adoración y estilos de ministerio (lo que en última instancia divide)

…al mismo tiempo comprobando nuestro sentido de un punto de vista de superior rectitud o más pura perfección en los acertados caminos de Dios. Y mientras esto continúa, parecemos a todas luces capaces no solo de rehusar el «busque la paz y sígala» a que nos llama la Biblia (1 Pedro 3:11), ¡sino en insistir que nuestra lucha de unos contra otros es un verdadero ejercicio de justicia!

La única manera en que encuentra lógica la ridícula naturaleza de estas luchas internas o del separatismo pasivo auto-justificado, a fin de sostener su persistencia, está enraizada en dos necias proposiciones. La humildad y una eventual unidad están a su alcance si usted y yo estamos dispuestos a reconocer lo siguiente:

- La tontería de creer que *cualquiera o cualquier grupo* posee la comprensión última y concluyentemente perfecta de *toda* la Palabra de Dios y *todos* los caminos de Dios, al margen de sus recordatorios para que «levantemos la cabeza» pues, en última instancia, sus pensamientos siempre trascenderán a nuestros mejores pensamientos, y sus caminos siempre rebasan nuestros más honestos caminos: «"Porque mis pensamientos no son los de ustedes, ni sus caminos son los míos", dice el SEÑOR. "Como son más altos los cielos que la tierra, así son mis caminos más altos que vuestros caminos, y mis pensamientos más que vuestros pensamientos"» (Isaías 55:8-9. RVR 1960).
- La tontería de creer que cualquier invitación o cualquier logro de una expresión de manifiesta unidad entre todos los creyentes en Jesucristo requiere una concesión de convicciones personales o una convergencia de posiciones doctrinales, prácticas litúrgicas o uniformidad en los énfasis, el estilo, o el ministerio. *¡La Biblia nunca exige eso!* Los fundamentos bíblicos para la unidad no son ni la conformidad ni la uniformidad; se proponen sobre la base de la disposición de permitir que el Espíritu Santo nos congregue en el único lugar en que podemos coincidir—*a los pies de Jesús*
- donde todos aceptamos y nos sometemos a su Señorío;
- donde todos nos concentramos en su dignidad antes que en la nuestra;
- donde todos se deben enjuagar todo residuo de santurronería; y

- donde todos lo aceptamos a él como la Verdad, más que a nuestras creencias personales.

Al contrario de esas proposiciones que se exponen comúnmente (ya sea en público, en privado o en el fuero interno, como patrones de pensamiento ante los cuales cedemos con mucha frecuencia) Efesios 4:13-16 apunta a la «unidad de la fe» nuestra como centrada en conocer a Jesús y decir la verdad en amor. De hecho, el pasaje advierte contra quienes se aprovechan de «artimañas engañosas» y vientos de errores doctrinales: Las Escrituras no descuidan advertirnos contra ambas cosas. Pero en algún punto, las almas honestas y humildes llegarán a reconocer que el propio Cristo es más importante que cualquiera de nuestros sistemas o círculos fraternales. Y esa honestidad y humildad nos congregará, no en una estructura institucional construida por los hombres o aun a aceptar un credo detallado—sino nos congregará para *adorar* a Jesucristo—*unidos* .

Puede que nos aguijonee la sabiduría de Elton Trueblood, el querido teólogo cuáquero y fundador de *Yokefellows*,un sitio de reunión interdenominacional para creyentes. Trueblood dijo: «Aquél que comienza amando su propia visión de la verdad más que la verdad misma, terminará amando su propia denominación más que a Cristo, y a la postre se amará a sí mismo por encima de todo».

UNA PASIÓN POR LA PLENITUD

En mi libro sobre el título anterior, escrito hace más de quince años, expresé mucho de la pasión que me impulsa a concluir de este libro como soy ahora. Consciente de que «todo el cuerpo [de Cristo] crece y se edifica en amor, sostenido y ajustado por todos los ligamentos…» (Efesios 4:16), no sólo está claro en las Escrituras, sino que se ordena a todos los discípulos de Jesús que nos dediquemos unos a otros sobre la base de nuestra decisión de amar, no sobre la base de nuestra posición sobre la verdad.

Esto no propone una actitud caballerosa hacia la ética o la moral, y no trasmito un sumario para dejar de lado un esperado compromiso hacia (a) la Palabra de Dios como palabra final y llena de autoridad, y (b) Jesucristo como el único Salvador de la humanidad, como se comprueba con su muerte redentora sobre la cruz, su literal resurrección y su gloriosa ascensión a la mano derecha del Padre como exaltado Señor de la Iglesia. Eso es suficiente para traernos a su presencia para adorar juntos; para adorarlo de acuerdo con la Palabra de Dios como el fundamento de nuestra fe e Hijo de Dios, como la Piedra fundamental de su Iglesia, que él anhela ver edificarse «juntamente para ser morada de Dios por su Espíritu» (Efesios 2:22).

Separarme a mí mismo, cuando terrenos como estos facilitan un lugar donde arrodillarse a su lado —concentrado en él y adorando en su presencia— es rendirse ante un siniestro y auto-justificador espíritu de legalismo religioso y su inevitable voluntad farisaica de encarnizar el cuerpo de Cristo antes que someterse a su llamado más grande que el llamado mi sistema.

Pero creo que crecientes millones de creyentes que llaman a Jesús su Salvador y son discipulados en su Palabra están listos para responder a un doble llamado: a *adorar* y a adorar *juntos* .

MOVIMIENTO HACIA LA ESCENA FINAL

La percepción de Harold Jefferies de la unidad hallada entre los primeros creyentes y cómo esta se afirmó y se preparó en la iglesia que nacería como «una» iglesia es muy valiosa. Su unidad se engendró cuando ese grupo de 120 se arrodilló en oración y descubrió el poder unificador de inclinarse a adorar ante el trono de Dios, ante el cual habían acabado de ser testigos de la ascensión de su Señor. La vinculación por Harold del veloz incremento global de hoy de la obra del Espíritu Santo, unido a un incremento en la disposición de la Iglesia de abrirse al llamado a adorar del Espíritu Santo, es también significativa. Y con las abrumadoras, asombrosas y más que apabullantes pruebas que los nuestros pudieran ser los días finales de la tierra, se nos deja con todos los motivos para esperar que esté a punto de sonar esa detonación celestial de la última trompeta.

> Ya que todo será destruido de esta manera, ¿no deberían vivir ustedes como Dios manda, siguiendo una conducta intachable y esperando con ansiedad la venida del día de Dios?
>
> 2 Pedro 3:11-12

De estas palabras del Espíritu dimana una oportuna conclusión para nuestro estudio conjunto. Se nos llama a algo *más* que adorar: se nos llama a dejar que nuestra adoración nos convierta en «ese tipo de personas» que están dispuestas a juntarse en la presencia de Dios y a quedar unidas para la expansión de su Reino. Hasta ese día; cantemos juntos:

> Ah, cómo anhelamos, ven otra vez; regresa Jesús, Salvador de los hombres.
> Si bien nos regocijamos en tu poder, oramos con añoranza por ese momento.
> Las trompetas sonarán, las nubes se disiparán, entonces cada ojo te contemplará.
> Hasta ese día, siempre cantaremos: «Señor Jesús, ven y corónate Rey»[1]

---

[1] «Come and Be King» por Jack W. Hayford. Copyright © 1981 por Annamarie Music. ASCAP. Todos los derechos reservados.

APÉNDICE 1

Una oración para recibir a Cristo como Señor y Salvador

Es posible que algunos que indagan muy seriamente hayan leído este libro y de alguna manera no hayan recibido nunca a Jesucristo como Salvador personal. Si esto se aplica a usted —si nunca le ha dado entrada en su corazón al Señor Jesús para que sea su Salvador y para que lo dirija en las cuestiones de su vida— me gustaría animarlo a que lo haga.

No hay necesidad de diferirlo, porque un corazón honesto puede acercarse al amoroso Padre Dios en cualquier momento. De forma que me gustaría invitarlo a que me acompañe. Elevemos a él una oración ahora mismo.

Si es posible incline su cabeza allí donde usted está, o aun arrodíllese si puede. Déjeme pronunciar una simple oración primero, y entonces le he añadido algunas palabras para que usted mismo ore.

MI ORACIÓN

Padre Dios, tengo el privilegio de unirme con este hijo tuyo que lee este libro ahora mismo. Quiero darte las gracias por la franqueza del corazón que se muestra ante Ti y quiero alabarte por tu promesa de que cuando te invocamos, Tú respondes .

    Sé que una genuina sinceridad está en su corazón, el cual está listo para pronunciar esta oración, y de esta manera nos llegamos a Ti en el nombre y a través de la cruz de tu Hijo, el Señor Jesús. Gracias por escucharme.

Y ahora, pronuncie su oración.

SU ORACIÓN

Querido Dios, hago esto porque creo en tu amor por mí, y quiero que vengas a mí como yo vengo a Ti. Por favor, ayúdame ahora .

    Primero, te agradezco porque enviaras a Tu Hijo, Jesús, a la tierra para que viviera y muriera por mí sobre la cruz. Te doy gracias por el don del perdón de los pecados que me ofreces ahora, y oro por ese perdón .

    Perdóname y limpia mi vida en tu presencia a través de la sangre de Jesucristo. Me apena cualquier cosa que alguna vez haya dejado de hacer o que haya hecho que sea indigno ante ti. Por favor quita toda culpa y vergüenza, mientras acepto los hechos de que Jesús murió para pagar por todos mis pecados y que por medio de él se me otorga ahora el perdón sobre esta tierra y la vida eterna en el cielo .

    Te pido, Señor Jesús, que por favor vengas ahora a mi vida. Puesto que te levantaste de la muerte, sé que estás vivo, y quiero que vivas conmigo… ahora y para siempre

Te entrego mi vida y cambio mis caminos por los tuyos. Invito a tu Santo Espíritu a llenarme y dirigirme hacia delante en una vida que agrade al Padre celestial .

Te doy gracias por escucharme. Desde este día en adelante, me consagro a Jesucristo, el Hijo de Dios. En su nombre, Amén[1].

---

[1] Tomado de *The Anatomy of Seduction* por Jack Hayford, p.111. Copyright © 2004 por Regal Books, Ventura, CA 93003. La versión castellana, publicada por Editorial Unilit, es *Anáatomía de la seducción. Utilizado con permiso.*

Una oración para invitar al Señor a llenarlo con el Espíritu Santo

Amado Señor Jesús,

Te doy gracias y te alabo por tu gran amor y fidelidad hacia mí.

Mi corazón se llena de gozo cada vez que pienso en el gran don de la salvación que me has dado tan generosamente.

Y te glorifico humildemente, Señor Jesús, porque has perdonado todos mis pecados y me has llevado al Padre.

Ahora vengo obediente a tu llamado.

Quiero recibir la plenitud del Espíritu Santo.

No vengo porque yo mismo sea digno, sino porque tú me has invitado a venir.

Puesto que me has lavado de mis pecados, te agradezco que hayas hecho de la vasija de mi vida algo digno de llenarse con el Santo Espíritu de Dios.

Quiero que tu vida rebose en mí, tu amor y tu poder, Señor Jesús.

Quiero mostrar tu gracia, tus palabras, tu bondad y tus dones a todo el que pueda.

Y así, con simple y cándida fe, mientras te pido, Señor, que me llenes con el Espíritu Santo. Abro todo mi ser a ti para recibir el todo de ti en mí.

Te amo, Señor, y elevo mi voz en alabanza a ti.

Invito a tu poder y a tus milagros para que se manifiesten en mí, para tu gloria y en alabanza tuya[1].

No pido decir «Amén» al final de esta oración porque tras invitar a Jesús a llenarlo, es bueno comenzar a alabarlo en fe. Alabe y la adore a Jesús, y permita al Espíritu Santo que le ayude a hacerlo. Él se manifestará de una manera que glorifique a Cristo, y usted puede pedirle que enriquezca este momento dándole a conocer la presencia y el poder del Señor Jesús.

No titubee en esperar que en su experiencia ocurran las mismas cosas que sucedieron a las personas de la Biblia. El espíritu de alabanza es una manera apropiada para expresar tal expectativa. Y para hacer a Jesús el centro de su vida, adore mientras alaba. Glorifíquelo y deje el resto al Espíritu Santo.

[1] Tomado de *The Anatomy of Seduction* por Jack Hayford, p. 113. Copyright © 2004 por Regal Books, Ventura, CA 93003. La versión castellana, publicada por Editorial Unilit, es «Anatomía de la seducción». Utilizado con permiso.

Índice

DISFRUTE DE OTRAS PUBLICACIONES DE EDITORIAL VIDA

Desde 1946, Editorial Vida es fiel amiga del pueblo hispano a través de la mejor literatura evangélica. Editorial Vida publica libros prácticos y de sólidas doctrinas que enriquecen el caudal de conocimiento de sus lectores.

Nuestras Biblias de Estudio poseen características que ayudan al lector a crecer en el conocimiento de las Sagradas Escrituras y a comprenderlas mejor. Vida Nueva es el más completo y actualizado plan de estudio de Escuela Dominical y el mejor recurso educativo en español. Además, nuestra serie de grabaciones de alabanzas y adoración, Vida Music renueva su espíritu y llena su alma de gratitud a Dios.

En las siguientes páginas se describen otras excelentes publicaciones producidas especialmente para usted. Adquiera productos de Editorial Vida en su librería cristiana más cercana.

DEDICADOS A LA EXCELENCIA

UNA VIDA CON PROPÓSITO

RickWarren, reconocido autor de *Una Iglesia con Propósito*, plantea ahora un nuevo reto al creyente que quiere alcanzar una vida victoriosa. La obra enfoca la edificación del individuo como parte integral del proceso formador del cuerpo de Cristo. Cada ser humano tiene algo que le inspira, motiva o impulsa a actuar a través de su existencia. Y eso es lo que usted podrá descubrir cuando lea las páginas de *Una vida con propósito*.

0-8297-3786-3

NVI Audio Completa

0-8297-4638-2

La Biblia NVI en audio le ayudará a adentrarse en la Palabra de Dios. Será una nueva experiencia que le ayudará a entender mucho más las Escrituras de una forma práctica y cautivadora.

Nos agradaría recibir noticias suyas.
Por favor, envíe sus comentarios sobre este libro
a la dirección que aparece a continuación.
Muchas gracias

Editorial Vida
7500 NW 25th Street, Suite #239
Miami, FL 33122

Vida@zondervan.com
www.editorialvida.com